Stefan Brönnle

DIE KRAFT DES ORTES

Die Energien der Erde erspüren, erkennen und nutzen

4. Auflage 2019

Stefan Brönnle
Die Kraft des Ortes

Titelseite:
Foto: Dan Breckwoldt/shutterstock.com
Gestaltung: Dragon Design, GB

Satz und Gestaltung:
Dragon Design, GB
Gesetzt aus der Rotis Serif

Gesamtherstellung: Appel & Klinger, Schneckenlohe
Printed in Germany

ISBN 978-3-89060-540-1

Neue Erde GmbH
Cecilienstr. 29 · 66111 Saarbrücken
Deutschland · Planet Erde
www.neue-erde.de

Stefan Brönnle

Die Kraft des Ortes

Danksagung

Ich danke meinen Lehrern und Weggefährten auf dem Wege der Geomantie: Hans-Jörg Müller, Prof. Eike Georg Hensch, Marko Pogačnik, Johanna Markl, Elvira Recke, Mary Bauermeister, Reinhard Schneider sowie den vielen anderen Dozentinnen und Dozenten, denen ich während meiner Zeit als Leiter der Schule für Geomantie Hagia Chora lauschen durfte und die durch ihre Beiträge daran mitwirken, das weltweit zerstreute Wissen der Geomantie wieder zu vereinen.

Ebenso danke ich meinen Lehrern auf meinem persönlichen Übungsweg der chinesisch-daoistischen Übungssysteme des Taijiquan und des Qigong: Jürgen Licht, Toyo Kobayashi, Mantak Chia, Chongmi Müller, Zhi-Chang Li u. a.

Für meine Kinder. Leif, Falk und Alisha

Hinweis:

Die in diesem Buch vermittelten Übungen können zu vorübergehenden oder dauerhaften Bewußtseinserweiterungen führen. Sie sollten daher nicht leichtfertig angewandt werden. Bitte wenden Sie sie nur im Zusammenhang mit den im Text genannten Anweisungen an. Der Autor kann für die praktische Anwendung dieser Übungen keine Verantwortung übernehmen!

Vorwort zur erweiterten Neuausgabe

Die Geomantie ist so alt wie die Menschheit selbst. Stets war der Mensch darum bemüht, Orte zu finden, die eine bestimmte Eignung für unterschiedliche Nutzungen aufwiesen, stets war er auch darum bemüht, diese Eignungen zu optimieren. Auch wenn der Mensch vergessen zu haben scheint, daß der Ort mehr ist als ein sachlich-funktionaler Nutzen, daß er vielmehr Geist und Seele besitzt, so war die Kunst der Ortsinterpretation, wie sie heute ganz materiell in Geologie, Geographie, Landschaftsplanung und Städtebau angewandt wird, eigentlich stets Geomantie: die Kunst und Wissenschaft der Ortsinterpretation. So zeigt sich die Geomantie immer im Gewand der aktuellen Zeit und ihres vorherrschenden Zeitgeistes.

Geomantie ist damit etwas Uraltes und Hochmodernes zugleich. Beständig werden durch geomantische Forschungen weitere Bezüge historischer Gestaltungen entdeckt und neue Zusammenhänge verstanden. Die Geomantie entwickelt sich wie der Mensch.

Ich freue mich, daß mit dieser Neuauflage meines erstmalig 1998 erschienenen Buches ein Grundwerk der geomantischen Literatur der Leserschaft wieder zugänglich wird. Das Buch wurde als Einstieg in das weite Feld der Geomantie konzipiert. Es schneidet daher die verschiedensten geomantischen Arbeitsebenen (wie Radiästhesie, Landschaftsinterpretation, Heiligen- und Flurnamensinterpretation, Erdheilung, Traumarbeit u.v.m.) an. Zu diesen Themenbereichen sind auf dem Markt inzwischen spezifische Fachbücher erhältlich, die das jeweilige Themengebiet vertiefen helfen. Ich bemühe mich derzeit, Schritt für Schritt mein eigenes Wissen zu den jeweiligen Teilgebieten der Geomantie in Buchform zugänglich zu machen. So findet man eine Vertiefung des Themenbereiches Symbolik und Brauchtum der Landschaft in meinem Buch *Landschaften der Seele*, des Themenbereiches geomantische Hausinterpretation und -gestaltung in dem Buch *Das Haus als Spiegel der Seele*, des Themenbereiches geomantische Gartengestaltung im Buch *Der Paradiesgarten* und eine tiefgehende Einführung in die

Thematik der erweiterten Wahrnehmung in meinem Buch *Grenzenlose Sinne.*

Dennoch hielt ich es für notwendig, obgleich ja Geomantie an sich eine immerwährende Gültigkeit besitzt, auch dieses Einsteigerbuch ein wenig auf den neuesten Stand zu bringen und damit auch hier dem oben beschriebenen Wandel der Geomantie Rechnung zu tragen. Die vorliegende Ausgabe enthält daher zusätzliche Informationen, neuere Fakten und gänzlich neue Kapitel wie z. B. das über Elektrosmog, dessen Thematik ebenfalls ein eigenständiges Buch gewidmet wurde (*Der Mensch in Kraftfeld der Technik*).

Obgleich somit in den letzten 15 Jahren jede Menge geomantisches Fachwissen schriftlich erhältlich wurde, darf dies doch nicht darüber hinwegtäuschen, daß die ganze Tiefe der Geomantie allein aus Büchern niemals zu lernen sein wird. Dazu bedarf es des unmittelbaren Kontaktes zum Ort und seinen energetischen, seelischen und geistigen Kräften und eine authentische Kommunikation mit dem Wesen ERDE selbst. Das vorliegende Buch kann daher auch nicht sättigen, sondern nur Appetit machen. Ebenso wie man durch das Lesen von Kochbüchern niemals satt werden wird, wird auch das Lesen geomantischer Literatur, egal wie sehr diese auch auf den neuesten Stand gebracht sein mag, niemals diese authentische liebevolle Beziehung zwischen dem Menschen und der Erde selbst ersetzen können.

Ich würde mich daher sehr freuen, wenn der/die LeserIn dieses Buches, die hierin beschriebenen Übungen ausgiebig an besonderen Orten ausprobiert, und ich wünsche Ihnen dabei, daß Sie dadurch solche wunderbaren tiefgehenden Erfahrungen machen dürfen, wie ich sie erleben durfte.

Stefan Brönnle
Dorfen, Juni 2008

Inhalt

Grundlagen der Geomantie

Die Weltsicht der Geomantie

Dort, wo einst der Sportplatz war, steht heute ein 14-stöckiges Hochhaus, der Kiosk im Grünen ist Eigentumswohnungen gewichen und die historische Kirche wurde für den Bau einer Bundesstraße kurzerhand um dreißig Meter versetzt. Orte sind austauschbar geworden. Multifunktional ist das moderne Eigenschaftswort dafür. Aus dem ehemaligen Flugplatz wurde – wie in München – die Olympiaanlage und aus Ackerland der Flugplatz, der dann erneut dem Messegelände weicht.

Doch erinnern Sie sich nicht auch an Ihren Lieblingsplatz – Ihren Baum, Ihre Höhle oder was auch immer – aus Ihrer Kindheit? War das nicht ein ganz besonderer magischer Ort für Sie, dessen Qualität Sie hier und nur hier empfinden konnten? Stellen Sie sich vor, man würde »Ihren« Baum auspflanzen und hundert Meter entfernt wieder eingraben, wäre der Baum für Sie noch derselbe?

Unsere Ahnen ließen sich noch viel Zeit, den genauen Platz für ein Wohnhaus, einen Brunnen, die Dorflinde oder gar die Kirche zu finden. Die Methoden – etwa Intuition, Tierweisungen, Naturbeobachtungen, feinstofflichem Gespür oder Radiästhesie –, die sie dazu nutzten, werden heute unter dem Begriff Geomantie zusammengefaßt.

Die Geomantie ist eine ganzheitliche Erfahrungswissenschaft. Sie versucht, die geistige, seelische und energetische Identität eines Ortes zu erfassen und diese bei Gestaltungen in Architektur, Kunst oder Landschaftsplanung zu berücksichtigen. Das Wort Geomantie setzt sich zusammen aus zwei Wortteilen: »Geo«, was, wie Sie sicher wissen, »Erde« bedeutet, und »Mantik«. Die Mantiken waren frühe, bei den Etruskern bekannte, Schau- und Interpretationskünste; so genannte Divinationstechniken, durch welche man mittels der Deutung der Farbe und Form von Blitzen, des Vogelflugs oder auch der Eingeweideschau den Willen der Götter oder Geister erkunden wollte.

Salopp könnte man daher die Geomantie mit »Erdwahrsagung« übersetzen. Doch es ist viel mehr. Es ist eine Sprache oder vielmehr die Kunstfertigkeit der Übersetzung der Sprache der Erde. Ein chinesisches Sprichwort aus dem 2. Jh. v. Chr. sagt: »Könnten Berge und Meere sprechen, wären die Geomanten viel magerer.« Berge und Meere können sprechen, nur haben die meisten Menschen verlernt zuzuhören.

»Geo« leitet sich ab von der Urgöttin Gaea oder Gaia – der Großen Mutter Erde. Geomanten waren und sind somit Menschen, die die Sprache dieser Göttin verstanden und verstehen. In einer solchen Definition tritt uns die Erde nicht als toter Himmelskörper entgegen, sondern als lebendiges Wesen.

Das Logo des Geomantieschulungsinstituts INANA zeigt stilisiert die Göttin Inanna, die die Erde selbst ist. Sie ist ein göttliches Wesen, das ebenso belebt ist wie die Pflanzen, die Tiere oder die Menschen, die auf ihr leben. Schon im 17. Jh. beobachtete der italienische Physiker und Mathematiker Evangelista Torricelli, daß der Luftdruck in regelmäßigen Abständen zu schwanken schien. Er hatte gegen 3 Uhr morgens seinen Tiefstand, erreichte gegen 9 Uhr seinen Höchststand, um bis um 15 Uhr wieder auf den Tiefstand zu fallen.

Abb. 1: Logo des Geomantie-Institutes INANA

Diese »atmosphärische Gezeiten« genannten regelmäßigen Luftdruckwellen inspirierten Goethe zu dem Vergleich mit der Ein- und Ausatmung der Erde. Und wie bei einem Menschen hebt und senkt sich der Leib der Großen Göttin: Wie Satellitenmessungen ergaben, heben und senken sich die Kontinentalplatten um bis zu 80 cm! Diese und andere Tatsachen veranlaßten James Lovelock zu seiner Gaia-Hypothese: Die Erde ist ein Lebewesen!

So hat der Erdkörper Regelmechanismen, die denen der Tiere und Menschen entsprechen.

Das Temperaturgleichgewicht in unserem Innern wie im Äußeren erst ermöglicht uns ein Überleben. Daneben bestehen in der Erde wie im Körper ein Säure-Base-Gleichgewicht, ein Sauerstoff-Gleichgewicht oder auch z. B. ein Salzgleichgewicht. Seit unendlichen Zeiten liegt der Salzgehalt der Meere bei 3 - 4 %, obwohl sich rein rechnerisch durch Erosions- und Einschwemmprozesse sowie Verdunstung alle zwölf Millionen Jahre die Konzentration verdoppeln müßte. Der wunderbare Grund dafür: Meereslebewesen entziehen dem Meer – wie auf göttliches Geheiß – exakt dieselbe Menge! Aber auch im Leid – im Krankheitsprozeß – gleichen sich Mensch und Erde: Wie Rüdiger Dahlke darlegt, leidet sowohl der Boden an einer Übersäuerung (eine Mitursache für das Baumsterben) wie auch in den letzten Jahren verstärkt die Menschen an Übersäuerung ihres Blutes leiden; und wie der Bluthochdruck zur Zivilisationskrankheit wurde, so drücken wir das Wasser durch begradigte Kanäle in immer schnellere Fließbewegungen. Wie unsere Gefäße eingekalkt und verengt sind, sind unsere Flüsse einbetoniert. Erde und Mensch entsprechen sich, und wie der Mensch besitzt die Erde Körper, Seele und Geist.

Der Kopf der Göttin Inanna im Logo ist ein Stern, Symbol für die geistig-kosmische Ebene des Wesens Erde. Umgeben aber ist die Göttin von einer angedeuteten Spirale. Sie symbolisiert die energetische Ebene der Erde. Zwischen beiden Ebenen vermittelt der erkennende Mensch, angedeutet durch das Auge im unteren Teil des Zeichens. Ihm kommt als schöpferisches und erkennendes Wesen eine besondere Rolle zu: Er wirkt durch seine Kreativität auch auf den Heilungsprozeß der Erde ein.

Doch dazu muß zunächst gefragt sein, ob ein göttliches Wesen überhaupt der Heilung bedarf. Denn was göttlich ist, ist heilig und darum heil; ist es nicht heil, kann es nicht in letzter Konsequenz heilig sein – oder zumindest nicht das Göttliche selbst. So ist auch die Erde nur eine Emanation des göttlichen Absoluten und daher unvollkommen. Daher kann auch die Erde wie jedes Wesen erkranken. Sie macht ebenso wie der Mensch in seiner persönlichen wie kollektiven Entwicklungsgeschichte eine Evolution durch, und wie er kann auch die Erde in Krisen geraten. Ja, folgt man der Auffassung des Philosophen Schelling, ist letztendlich auch der Mensch – der die meisten Erd-Erkrankungen kausal verursacht – Teil der Natur: »Und die Natur schafft sich einen Geist, durch den sie erwacht und zu Bewußtsein kommt!« – der Mensch als das Bewußtsein der Erde! Heilungsarbeit ist daher in erster Linie Bewußtseinsarbeit. Und so soll dieses Buch auch dazu dienen, das Bewußtsein für die Sprache der Erde und die Rolle des Menschen im Entwicklungsprozeß zu wecken.

Vor einigen Jahren war im deutschen Fernsehen des öfteren ein Werbespot mit einem Slogan zu sehen, der eigentlich das Umweltbewußtsein wecken sollte: »Die Natur braucht uns nicht, aber wir brauchen die Natur!« Was für eine Weltsicht, die den Menschen ausschließlich als überflüssigen Krankheitserreger, als Aids-Erreger der Natur begreift! Die Verantwortung des Menschen ist eine viel größere: Er ist dazu aufgerufen, die Erde nicht nur zu bewahren, sondern auch zu gestalten; und indem er seinen Geist – nicht den logischen Verstand, sondern das spirituelle Bewußtsein – weiterentwickelt, arbeitet er mit an der geistigen Evolution der Natur und der Erde.

Akupunkturnadeln vergleichbar, die auf energetische Zentren des Meridiansystems gesetzt werden, plazierte der Mensch seit Urzeiten Bauwerke – Kirchen, Tempel, Kultstätten – auf genau gewählten Orten des Erdkörpers. Er kam damit in den Nutzen der verschiedensten Kräfte des Ortes und entwickelte sich und seine Kulturen seelisch, geistig und spirituell fort. Diese Bewußtseinsentwicklung floß andererseits wiederum in die Evolution der Erde ein.

Die Techniken und Absichten der Geomantie waren dabei in den verschiedensten Kulturen und Zeiten nicht immer gleich. Sie wechselten mit der Entwicklung und der Weltsicht des Menschen. Einige historische und geomantische Systeme sind uns bis heute bekannt.

Die chinesische Geomantie, Feng Shui (Wind und Wasser) genannt, entstammt im wesentlichen der geistigen Grundhaltung des Daoismus. Der Daoismus nimmt, vereinfacht gesagt, das Göttliche als eine mehr oder minder abstrakte Gesetzmäßigkeit wahr, als ein Kommen und Gehen der Kräfte, ein ewiges Wechselspiel des Yin und des Yang. Was das Christentum als Lohn und als Strafe betrachtet, ist dem Daoisten ein unpersönliches Werden und Vergehen. Zwei Zitate mögen dies verdeutlichen:

»Was unvollkommen ist, wird vollkommen werden,
was krumm, gerade;
was leer, voll;
wenn sich etwas löst, wird Neues werden;
wo Mangel ist, wird Fülle werden;
wo Fülle ist, wird Mangel werden.«

Laotse: *Tao Te King*, Spruch 22

»Aber viele, die die Ersten sind, werden die Letzten
und die Letzten werden die Ersten sein.«

Matthäus 19, 30

So gleich die Aussagen auch scheinen mögen, sie spiegeln zugleich eine diametral entgegengesetzte Weltschau. Das Göttliche, das Dao, erscheint dem Daoisten abstrakt und unpersönlich, als kosmische Gesetzmäßigkeit oder, wie Laotse es formulierte: »Das All kennt keine Liebe; es schreitet über alles hinweg, als wäre es nichts.« (Laotse, 5). Der Weise erkennt dieses Gesetz und bindet sich in die Natur ein. Er sucht daher auch in der Geomantie die innewohnende kosmische Gesetzmäßigkeit der Natur zu erkennen und danach zu handeln. Anders ausgedrückt, sucht das Feng Shui die Immanenz des Göttlichen in der Natur zu finden. Die Regeln des Feng Shui spiegeln somit auch den ständigen Kräfteausgleich wider. Es wird so gestaltet, daß zu viel Yang durch Yin ausgeglichen wird und umgekehrt. In Architektur und Landschaftsgestaltung versucht man, die kosmische Ur- oder Lebenskraft frei und ungehindert fließen zu lassen, damit die innewohnende Gesetzmäßigkeit ihren Lauf nehmen kann. Chinesische Geomanten orientieren sich an der Natur, an dem schlängelnden Lauf von Flüssen, an dem sanften Aufsteigen der Nebel und dem Zug der Wolken mit dem Wind – an Wind und Wasser.

In Indien dagegen wurde eine ganz andere Weltsicht vertreten. Im Hinduismus und vor allem im Buddhismus versuchte man dem Rad des Karma, dem Schicksal der ewigen Wiedergeburt, zu entfliehen. Der Mensch erhebt sich hier über die Gesetze der Natur. Mittels der Macht seines Geistes versucht er, sein Schicksal selbst zu prägen und nicht, es hinzunehmen oder sich einzufügen. Dementsprechend ist auch die Zielsetzung und Methode der indischen Geomantie, Vastu Vidya, eine vollkommen andere: Ein Priester beurteilt den Ort aufgrund von Farbe, Geruch und Geschmack des Bodens, der Topographie und des Verhaltens von Tieren und Pflanzen. Danach pflügt er zu einem sorgfältig von Astrologen bestimmten Zeitpunkt, nachdem er sich durch heilige Waschungen rituell gereinigt hat, eine Furche von Ost nach West. Eine Gruppe von Shudras (einer indischen Kaste) pflügt den Rest und sät verschiedene Getreidearten aus.

Kaum ist das Getreide reif, tauchen erneut Priester auf. Sie führen die heiligen Kühe der Gemeinde mit sich. Die fressen das Getreide ab und weihen mit ihrem Atem den Boden. Anschließend wird ein Mandala – das Vastu Purusha – aufgezeichnet. Es markiert die Umrisse des zukünftigen Tempels. Die auf den Boden gezeichneten Linien sind fortan heilige Linien; ihre Kreuzungspunkte so göttlich, daß sie unbebaut bleiben. Weitere Daten, die in Zahlen und Proportionen verschlüsselt werden, fließen in die Architektur der Anlage selbst ein: der Planet, unter dessen Einwirkung der Tempel steht; die Himmelsrichtung, auf die er ausgerichtet wird, die Kaste des Stifters auch; sogar das gewünschte Alter, das der Tempel erreichen soll!

Alles ist in der Vastu Vidya, der indischen Geomantie, ritualisiert. Sie folgt einem durch den menschlichen Geist vorgeprägten Gesetz. Und die Linien, die man zeichnet, werden zu Energielinien. Hier wird versucht, das Göttliche in den Ort zu prägen. Eine indische Legende drückt dies wie folgt aus:

Vor langer Zeit gab es irgend etwas Existierendes, nicht definiert durch einen Namen, unbekannt in seiner Form. Es blockierte den Himmel und die Erde. Als die Götter es sahen, packten sie es und preßten es auf den Boden, mit dem Gesicht nach unten. So wie sie es zu Boden warfen, halten die Götter es. Brahma ließ es von den Göttern besetzen und nannte es Vastu Purusha.

Während also das chinesische Feng Shui die Immanenz des Göttlichen in den Gesetzen der Natur finden und danach handeln will, geht es im indischen Vastu Vidya um die geistige Prägung des Ortes, die Fixierung des Transzendenten. Zwei unterschiedliche geomantische

Systeme, entstanden aus einer verschiedenen Welterfahrung und Weltbetrachtung.

Ein in Europa überliefertes geomantisches System war die *Disciplina Etrusca*, die Geomantie der Etrusker. Ähnlich dem Feng Shui suchte der etruskische Priester, der Augur, aus der Sprache der Natur wie auch der Richtung des Windes, dem Flug der Vögel, der Richtung und Farbe von Blitzen und schließlich der inneren Schau das *Templum*, die energetischen Umrisse der zukünftigen Stadt zu finden. Er suchte nach der Immanenz des Göttlichen. Hatte er das Templum gefunden, so fixierte er die heilige Mitte durch eine Grube – den Umbilicus; teilte das Land wie im indischen Vastu Vidya mit dem Lituus, seinem Krummstab, in vier Viertel und zog mit einem Pflug eine Furche (»sulcus primigenius«) um diesen heiligen Raum, die ihn vom profanen Raum abgrenzte. Hierin erkennen wir die Fixierung des Transzendenten wieder.

Auf diese Art war jede geomantische Technik – das Feng Shui in China, Vastu Vidya in Indien, Disciplina Etrusca in Europa oder Kuhikuipuone auf Hawaii, die Geomantie der Indianer, Aborigines, Römer, Germanen oder Christen – spezifisch an eine Weltsicht gebunden. Es gibt folglich nicht *die* Geomantie, sondern nur eine Fülle von Methoden, die der jeweiligen Weltsicht angepaßt und aus dieser entsprungen sind. Mit jeder dieser Weltsichten und daraus abgeleiteten geomantischen Systeme trug der Mensch zur spirituellen Evolution der Erde, dem geistigen Wesen Gaia, bei, denn jedes erkennt einen anderen Aspekt des Göttlichen. Hieraus ergibt sich die Frage, wie denn die Geomantie Mitteleuropas im angehenden 21. Jahrhundert auszusehen hat.

Diese Frage kann und soll hier nicht beantwortet werden. Die folgenden Kapitel aber werden Ihnen dazu verhelfen, sich selbst ein Bild von der Geistigkeit des Ortes zu machen. Und Sie sind aufgerufen, eine neue Geomantietradition zu begründen, die geeignet ist, die geistige Evolution der Menschen und der Erde zu unterstützen.

Bewußtseins-Tanz

Durch die verschiedenen gerade erwähnten geomantischen Systeme (Feng Shui, Vastu, u. a.) stellt sich bei vielen Menschen, die sich damit beschäftigen, immer wieder die Frage nach »richtig« und »falsch«. Da gibt es Methoden, die sich aus Analogiesystemen nähren (Feng Shui, Standortastrologie, u. a.), die auf viele Hundert Bücher, auf Tabellen und Formeln verweisen können. Und es gibt Herangehensweisen, sie sehr intuitiv sind, die den Ort ganz aus dem individuellen Gespür heraus interpretieren. Und gerade Vertreter der »alten« Systeme, die auf manchmal mehrhundertjähriger Erfahrung aufbauen, schätzen oft das scheinbar willkürliche, intuitive Vorgehen gering. Die zugrundeliegende Struktur dieses Disputs zwischen klassischer, traditioneller, altbewährter und erprobter Methodik und Lehre auf der einen und spontaner, intuitiver, subjektiv-erfahrender und experimentierfreudiger Erfahrung auf der anderen Seite möchte ich mir erlauben, hier kurz darzustellen. Geschichte wiederholt sich wie in einem endlosen Tanz, und in diesem Fall heißt der Ballsaal »Geomantie«.

Nehmen wir einmal an, ein Mensch macht eine seinem gängigen Weltbild entgegenlaufende Erfahrung. Es liegt in der Natur solcher Erfahrungen, daß unser Bewußtsein bemüht ist, diese als Phantasie oder Zufall abzuwerten. Ist diese Erfahrung jedoch so ergreifend, daß sie unser aktuelles Weltbild – und sei es nur in Teilen – erschüttert, können wir von einer »Urerfahrung« sprechen. Es gehört zu ihrem Wesen, daß der Mensch, dem sie widerfährt, zuvor keinerlei ähnliche Erfahrungen gemacht haben kann. Er steht erschüttert und hilflos der unglaublichen Präsenz und erlebten Authentizität dieser Urerfahrung gegenüber. Dieser eine Augenblick hat ihn und sein Leben verändert – für immer.

Grundsätzlich bestehen nun im Fortlauf unseres »Bewußtseinstanzes« zwei Möglichkeiten: Entweder bleibt diese Erfahrung einzigartig (dann bleibt sie möglicherweise eine – wenngleich auch erschütternde – Kuriosität im Leben unserer Person), oder unser Tänzer macht weitere ähnliche Erfahrungen. Im letzten Fall erreichen wir den zweiten Schritt unseres Tanzes. Kaum nämlich, daß ähnliche Erfahrungen gemacht werden, beginnt unser Individuum diese zueinander in Beziehung zu setzen. Er kann gar nicht anders, denn schon die Erkenntnis, bei einer neuen Erfahrung handle es sich um ein *ähnliches* Erlebnis, ist bereits ein solch vergleichender Akt.

Von hier zur bewußten Suche nach Gesetzmäßigkeiten zwischen diesen Erlebnissen ist es nur ein kleiner Schritt. Indem wir sie durch unser Verstandesbewußtsein anerkannt haben, ist unsere Welt ins Wanken geraten, und wir sind bemüht, durch das Erkennen von – möglichst kausalen – Gesetzmäßigkeiten so schnell wie möglich wieder festen Boden unter den Füßen zu bekommen. *Paul Watzlawick* beschreibt dieses Urbedürfnis des Menschen anschaulich durch ein Experiment: An der Stanford-Universität wurde eine Maschine mit sechzehn unbezeichneten Klingelknöpfen gebaut. Die Versuchsperson sollte die Knöpfe so drücken, daß eine Höchstzahl von Punkten im Zählwerk erreicht wird. Sie wußte nicht, wie sie das anstellen sollte, und mußte sich daher auf blindes Ausprobieren verlassen. Beim Drücken des richtigen Knopfes würde allerdings ein Summton hörbar werden und das Zählwerk einen Punkt mehr anzeigen. Was die Versuchsperson nicht wußte, ist, daß die »Belohnung«, der Summton, in keinerlei Zusammenhang zu den von ihr gedrückten Tasten stand. Der Summton erfolgte willkürlich nach den Wünschen des Versuchsleiters. Im Verlauf der ersten 250 Versuche erhielt die Versuchsperson eine gewisse Anzahl von Bestätigungen als Summtöne, so daß sie ungefähre Annahmen über (nichtbestehende) Regeln des Systems machen konnte. Während der nächsten 50 Versuche erhielt sie keinen einzigen Summton, in den letzten 25 Versuchen ertönte der Summer nach jedem Tastendruck. Die Versuchsperson nahm daher an, das zugrundeliegende System erkannt zu haben! An diesem Punkt angelangt, wird ihr die Wahrheit über die Versuchsanordnung mitgeteilt. Watzlawick schreibt dazu: »Ihr Vertrauen in die Richtigkeit der eben erst mühsam erarbeiteten Lösung ist aber so unerschütterlich, daß sie die Wahrheit nicht glauben können. Einige nehmen sogar an, daß der Versuchsleiter derjenige ist, der einer Täuschung zum Opfer fiel oder daß sie eine bisher unentdeckte Regelmäßigkeit in der angeblichen Regellosigkeit (...) gefunden haben. Anderen mußte die Rückseite des vielarmigen Banditen gezeigt und damit bewiesen werden, daß die sechzehn Schaltknöpfe an nichts angeschlossen sind, bevor sie sich von der Nichtkontingenz des Experiments überzeugen.« (Paul Watzlawick, »Wie wirklich ist die Wirklichkeit?«, München 1976, S. 64 ff)

Hat aber unser Tänzer erst einmal solche Gesetzmäßigkeiten erkannt oder ist zumindest davon überzeugt, daß ihm dies gelungen sei, ist er bereits im Besitz einer neuen »Lehre«. Aufgrund seiner aus der Erfahrung abgeleiteten Vergleiche ist es ihm nun gelungen, Voraussagen zu treffen. Die Erfahrung der Richtigkeit solcher Voraussagen wiederum untermauert sein neues Weltbild, wodurch es stabiler, aber eben auch starrer wird. Wie im Beispiel des Experiments wird dadurch die Bereitschaft, von dem gerade eben so schwer erarbeiteten neuen Weltbild wieder abzugehen, zunehmend geringer. Ein Dogma entsteht. Die Beschaffenheit der Welt ist wieder geklärt, wir finden uns in ihr zurecht, und die aus den Lehren des Dogmas abgeleiteten Erfahrungen bestätigen uns. Neue Erfahrungen zu machen ist damit unnötig geworden, es entsteht eine Erfahrungsleere. Die Lehre erklärt sich aus sich selbst heraus. Leider scheren sich Urerfahrungen selten um Notwendigkeiten, und so kann es eines Tages der Fall sein, daß sich eine neue, bislang noch nicht erlebte und nicht einzuordnende Urerfahrung Bahn bricht, um unser Weltbild erneut zu erschüttern.

Der Tänzer hat den Ballsaal durchquert und befindet sich wieder am Ausgangspunkt. Was hier am Beispiel der abstrakten Erfahrungen einer Person beschrieben wurde, gilt in ähnlicher Weise für das Kollektiv einer Kultur. Die Vergleiche der einzelnen eigenständigen Erfahrungen werden hier zunehmend durch den kollektiven Erfahrungsaustausch ersetzt, und das individuelle Weltbild kann gar zur heiligen Lehre aufsteigen. Da der Abstand zur Urerfahrung im Menschheitskollektiv oft viel größer ist und die gefundenen Lehren und Gesetze meist die Sprache einer bestimmten – später meist als veraltet empfundenen – Epoche sprechen, wird die Anbindung des Individuums durch die Lehre hindurch zurück zur Urerfahrung extrem schwierig. Die Lehre oder gar das Dogma werden individuell als hohl und leer verstanden, was geradezu das Bedürfnis nach einer eigenständigen Urerfahrung heraufbeschwört.

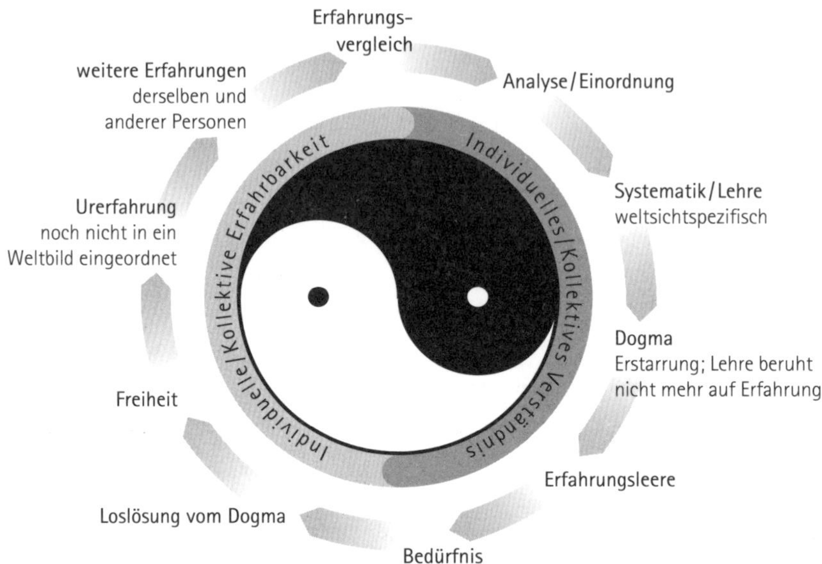

Abb. 2: Der »Bewusstseinstanz« von der Urerfahrung zum Dogma und zurück

Somit ergeben sich zwei Pole im Kreis unseres Bewußtseinstanzes, die wie die Ur-Archetypen *Yin* und *Yang* einander abwechseln. Der eine Pol ist erfahrungsorientiert, stark individuell und schwer kommunizierbar und damit für andere auch schwer verstehbar (die Seite der individuellen oder kollektiven Erfahrbarkeit). Der andere Pol ist traditionell, kollektiv, gesetzesorientiert und damit äußerst gut kommunizierbar (die Seite des individuellen oder kollektiven Verständnisses). Steht man nahe am ersten Pol, befindet man sich nahe an der Authentizität der Erfahrung, versteht diese aber nicht. Steht man dagegen nahe am zweiten Pol, versteht man die Erfahrungen und kann sie einordnen – erlebt sie aber nicht. Auch in der Debatte zwischen »klassischer« und »intuitiver« Geomantie, zwischen »klassischem« und »intuitivem« Feng Shui oder auch zwischen alten keltischen Ortserfahrungssystemen und »modernen« geomantischen Herangehensweisen kann man die beiden Kontrahenten in die Nähe des einen oder anderen Poles rücken: Die »klassische« Methodik – beim Feng Shui z.B. vor allem die Richtungsschule, aber natürlich auch die Gesetzmäßigkeiten der klassischen Formenschule (gemeint ist hier die Lehre, nicht unbedingt deren Vertreter) – steht mit ihren Tabellen, Rechnungssystemen und seinem Pochen auf die Jahrhunderte lange Erfahrung nahe am Pol des Dogmas. Die »intuitive« Herangehensweise, das »intuitive Feng Shui«, dagegen steht mit seinen kaum in Worte zu fassenden und schwer erklärbaren Vorgehensweisen, seinem – im Hinblick auf das Alter der neuen Lehren – geringen Erfahrungsschatz, aber auch mit seiner (möglichen) Authentizität der unmittelbaren Wahrnehmung nahe am Pol der Urerfahrung.

Ist es daher sinnvoll, über Sinn und Unsinn der unterschiedlichen Ansätze zu debattieren? Meine Antwort darauf ist sowohl ja als auch nein: »Ja« deshalb, weil wir auch heute viel aus den Regeln klassischer geomantischer Systeme lernen können, vor allem können wir durch ein Verständnis der grundlegenden Denkweisen der klassischen Lehren den Weg von der Urerfahrung zur Lehre nachvollziehen und somit wertvolle Hinweise auf die – möglicherweise neu zu interpretierende – Einordnung eigener unmittelbarer Erfahrungen bekommen. Auf der anderen Seite verhindert die Auseinandersetzung der klassischen Lehren mit dem intuitiven Weg das Erstarren im Dogma. »Nein« deshalb, weil weder der eine, noch der andere Pol als höherwertig eingestuft werden darf.

Der Auftrag an uns ist vielmehr, offen zu sein, diesen Tanz mit »Sprüngen« aufzulockern und beständig zwischen dem einen und dem anderen Pol zu oszillieren. Wir brauchen die Einordnung und den Vergleich von Erfahrungen, sonst sind wir als soziale Wesen nicht überlebensfähig. Dazu verhelfen uns Gesetzmäßigkeiten. Ebenso wichtig aber ist, daß die Gesetze der Lehre beständig durch die unmittelbare Wahrnehmung überprüft werden, und dies meint nicht die beweisende »Erfahrung«, die richtige Prognose errechnet zu haben, sondern die authentische Wahrnehmung von dem, was Wirklichkeit, was heilig und lebendig ist, was sich Erklärungen und Beschreibungen widersetzt. Ganz so wie es *Laotse* ausdrückte: »Der Begriff, durch den man begreifen kann, zeugt nicht vom Unbegreiflichen.« Erst dieses Oszillieren zwischen *Standard* und *Modern Dance* läßt unser Handeln zum *Sacred Dance*, zum heiligen Kreistanz, werden.

Das Drei-Welten-Modell

Wir müssen bedenken, daß die unterschiedlichen Geomantiesysteme sich nicht einfach nur verschiedener Techniken bedienen, sondern auch auf verschiedenen Ebenen der Wirklichkeit tätig sind. Das Feng Shui z. B. bemüht sich besonders um die Ebene des Qi (sprich: Tschi), der kosmischen Lebenskraft, während sich das Vastu Vidya vor allem geistigen Gesetzmäßigkeiten zuwendet.

Leider wird heute im »New Age« wenig Unterschied zwischen diesen Ebenen gemacht. Man spricht vereinfachend von Energie, Schwingung o. ä. Für eine funktionierende praktische Geomantie aber ist es unbedingt nötig, genau zu erkennen, auf welcher der zahlreichen Realitätsebenen man gerade arbeitet. Tut man dies nicht, so kommt es, wie es leider öfter geschieht, zu so unhaltbaren wie unsinnigen Aussagen, wie der, man könne mittels eines Spiegels elektromagnetische Felder abschirmen. Leichtgläubige werden dann auch prompt für ihre Gutgläubigkeit gesundheitlich bestraft. Sicherlich ist der Spiegel ein in der Geomantie (wie z. B. dem Feng Shui) verwendetes funktionierendes Werkzeug, seine Wirkebene aber ist eine vollkommen andere als die der elektromagnetischen Strahlung (sieht man einmal von der Reflektion der Lichtwelle ab).

Es gibt nun viele gedankliche Weltmodelle, die dazu verhelfen, in der Praxis verschiedene Wirklichkeitsebenen zu erkennen. Für die folgenden Ausführungen dieses Buches soll uns ein sehr einfaches und praktikables philosophisches Modell dienen: das Drei-Welten-Modell.

Wie eingangs beschrieben, ist die Erde ein lebendes Wesen, das viele zum Menschen parallele Muster erkennen läßt. Das erste, was uns bei einem fremden Menschen auffällt, ist sein physischer Körper. Auf den ersten Blick nehmen wir – meist ohne darüber nachzudenken – viele Faktoren seines Wesens auf: sein Geschlecht, sein Alter, seine Rasse und Hautfarbe. Betrachten wir ihn eingehender, sind meist auch seine Herkunft, sein sozialer Status, sein Gesundheitszustand, ja sogar sein Lebensstil und damit seine inneren Einstellungen zu erkennen.

Ebenso ist es mit dem Körper der Erde. Bereits der erste Blick auf eine Landschaft sagt uns ihr Geschlecht – Yin oder Yang (d. h. herrscht hier z.B. Wasser vor oder Wüste, Erdigkeit oder die Himmelskuppel), ihr Alter (handelt es sich um Urwald oder junges Kulturland, um Wälder oder von Menschen kultivierte sog. Sukzessionsflächen?); ihren Typ (Bergland, Ebene, Wasserlandschaft oder Hügelland) sowie die hier vorherrschenden Farben (z.B. aus Landwirtschaft, Wald oder auch Himmels-, Gesteins- und Bodenfärbungen).

Beschäftigen wir uns nur ein wenig länger mit der Landschaft, erkennen wir auch ihre Herkunft (d.h. die in ihr wirksam gewordenen Entstehungsprozesse: vulkanisch, Moränenlandschaft, Gebirgsfaltung), ihren Status (Wird sie von Menschen geliebt oder abgelehnt? Macht man hier Urlaub oder flieht man vor ihr?), ihren Gesundheitszustand (Fabriken, tote Wälder wie im Erzgebirge, Gestank oder frische Luft, Artenvielfalt?) und auch ihre seelischen Qualitäten (Wie wirkt die Landschaft: Erhaben? Mythisch? Fröhlich? Melancholisch? Dynamisch?). Obwohl wir der Erde hier nur ins Gesicht geblickt haben, uns also ausschließlich auf der physischen Ebene bewegten, konnten wir so eine ganze Menge über sie erfahren. Zu dieser Ebene gehört aber auch die Ausstrahlung der Landschaft im doppelten Wortsinne, also z.B. die hier wirkenden Strahlungsquellen (Radioaktivität, Erdmagnetismus, unterirdische Wasserverläufe).

Wie man über das Betrachten des Körpers eines Menschen, seiner Haltung und Kleidung aber auch bereits Aussagen über gewisse innere Haltungen (verklemmt, aggressiv, schüchtern, offenherzig, machtvoll), ja sogar politische Ansichten, also geistige Faktoren, machen kann (roter Stern auf Baskenmütze, Parteiabzeichen, Öko-Latzhose, lange Haare oder Skin-Head), so kann man auch auf die geistige Ebene einer Landschaft schließen (Welche Menschen leben hier? Welche Geschichte hat das Land? Gibt es traditionelle oder moderne Bauten?).

Der Mensch ist also nicht ausschließlich ein materielles, sondern auch ein geistiges Wesen. Dieser Geist beeinflußt massiv die Grundgegebenheiten der Materie. Er bestimmt, wie wir uns ernähren, ob wir rauchen wollen oder nicht, ob und wo wir unser Leben verbringen (im Ohrensessel oder in Kriegsgebieten), wie wir uns kleiden und wie wir uns pflegen. Wir erkennen die massive Wirksamkeit der geistigen Ebene, wenn wir daran denken, wie sehr sich Menschen allein aufgrund einer Änderung auf dieser geistigen Ebene auch äußerlich verändern können: Ein braves Schulmädchen wird plötzlich zur Punkerin; ein schlanker revolutionärer Jüngling zum gesetzten, beleibten Unternehmer. Ebenso wie beim Menschen beeinflußt die zur Zeit wirksame innewohnende geistige Kraft das Aussehen und die Ausstrahlung eines Ortes oder einer Landschaft ganz massiv. Was diese Geistigkeit des Ortes ist, dazu später mehr.

Erkennen wir den Geist eines Menschen vielleicht noch nicht durch seine äußere Erscheinung, dann spätestens, wenn wir erleben, wie er spricht, wie er sich gibt und was er von sich gibt, wie er handelt und sich anderen Menschen gegenüber verhält. Ebenso können wir dem Geist eines Ortes (Genius loci) näherkommen, wenn wir seine Sprache und Wirksamkeit in uns aufnehmen.

Der Mensch besitzt also neben seinem physischen Körper den Geist, der ihn lenkt. Diese Beziehung wird oft verglichen mit einem Computer (Körper), der durch die Software (Geist) gesteuert wird. Bei diesem häufig benutzten Vergleich wird meist jedoch der Mittler zwischen Software und ausführender Hardware vergessen: Es ist die Energie, im Falle unseres Beispiels der elektrische Strom. Dieses Gedankenmodell bringt uns zu einem vereinfachten Weltmodell, das alles Belebte als mit einer Geist-, einer Körper- und einer Energieebene versehen betrachtet. Alles Belebte! Auch die Erde.

Es wurde bereits darauf hingewiesen, daß das chinesische Feng Shui sich vor allem um diese energetische Ebene bemüht. Was ist diese Energie des Lebendigen? In der Bibel heißt es: »Gott hauchte Adam seinen Odem ein.« Mit einem Hauch seines Atems übertrug er die göttliche Lebenskraft. Auch andere Kulturen kennen diesen Bedeutungszusammenhang zwischen Atem und Lebensenergie. In China wird die Lebensenergie Qi genannt, was zunächst einfach Atem bedeutet. In den Qi-Gong-Übungen wird das Qi jedoch in den ganzen Körper gelenkt – es ist der göttliche oder kosmische Atem. Im indischen Yoga kennen wir die Pranayamas (Atemübungen), die das Prana, die kosmische Lebenskraft, entfachen. In Australien sprechen die Aborigines von »Guruwari« (Geist-Substanz), von etwas, das zwischen Geist und Materie steht. Dies entspricht dem griechischen »Pneuma« oder dem deutschen »Äther«.

In einem wunderschönen Fresko im Kloster Mont Saint Odile im Elsaß ist die Taufe Christi dargestellt: Ein Strahl göttlicher Energie senkt sich aus einer Engelssphäre auf die Hand des Täufers hinab. Doch nicht diese Kraft ist das Mysterium der Taufe. Der Geist taucht etwa in der Bildmitte im Symbol der Taube in diesen Strahl ein. Und nun geschieht etwas Sonderbares: Um den Kopf der Taube bildet sich eine Art Gefäß, ein Krug, der sich ergießt. Diese sich ergießende Essenz taucht bald in den Strahl der Energie ein und fließt in ihm weiter. Johannes der Täufer hebt eine Hand voll Wasser über den Kopf Christi, worauf sich die göttliche Energie – der Äther (und der daran gebundene, aufmodulierte Geist) – mit dem Wasser verbindet. Das Mysterium ist geschehen: Geist verbindet sich mit Äther und dieser mit Wasser (Materie). In genialer Einfachheit ist hier das Urprinzip des Lebendigen und Beseelten dargestellt.

Abb. 3: Fresko der Taufe Christi im Kloster Mt. Saint Odile

Indem wir die drei Wirkebenen erkennen – physische Ebene, ätherische Ebene und geistige Ebene – können wir nun die Kraft des Ortes erfassen: Die physische Ebene gibt ein gewisses Grundpotential vor, an das sich die geistige Ebene hält oder das sie unter hohem Energieaufwand überwächst. Wie ein Mensch in einem Körper mit Geburtsfehler sein geistiges Potential körperlich nicht voll ausschöpfen kann oder wenn, dann nur unter Aufwendung äußerster Willenskraft und eventuell zusätzlicher Hilfskonstruktionen, so gibt auch die physische Ebene des Ortes der geistigen Ebene einen materiellen Rahmen vor. Hierbei darf natürlich nicht vergessen werden, daß der Geist andererseits sich quasi die physische Ebene wählt, in der er wirksam werden möchte. Die geistige Ebene kann nun die Wirksamkeit der physischen Vorgaben erheblich modifizieren. Als Mittler zwischen beiden Ebenen fungiert der Äther – nicht mehr Materie und noch nicht Geist (oder umgekehrt).

Ein Ort kann auf jeder dieser drei Wirkebenen unterschiedliche Wirksamkeit entfalten. Er kann physisch unscheinbar sein, aber geistig in hohe Sphären führen oder umgekehrt physisch von Kraft und Macht sein, ohne daß dahinter eine starke geistige Kraft stünde. Er kann uns dabei gefühlsmäßig (Ätherebene) sehr berühren oder kühl und sachlich sein. Wie ein Mensch Emotion (E-Motion = wörtl.: »das, was hinausbewegt« = Energie), Geist und Körper besitzt, so auch ein Ort. Mittels des Drei-Welten-Modells können wir nun entscheiden, ob der Ort ein Philosoph ist, ein Holzfäller oder ein Poet, ein Denker, Arbeiter oder Künstler.

Methoden der Geomantie

Eine der wesentlichen Methoden der Geomantie ist die Radiästhesie (wörtl. »Strahlenfühligkeit«). Allgemein versteht man darunter die Technik, mittels verschiedener Werkzeuge wie Wünschelrute, Pendel, Schwingstab oder bei fortgesetztem Üben auch durch bloße Körperwahrnehmung unsichtbare Energiephänomene wahrnehmen zu können.

Historisch wurde die Radiästhesie vor allem zur Brunnen- und Quellensuche sowie zur Bergwerksprospektion, also dem Auffinden von Erzen, genutzt. Schriftliche Zeugnisse darüber gibt es aus der frühen Neuzeit, z. B. in »De Re Metallica« (1556) oder »Speculum Metallurgiae«

(1700). Vor allem die Bergwerksprospektion erforderte ein Höchstmaß an Technik und radiästhetischer Fertigkeit. Der Rutengänger mußte ergründen können, ob eine Metallader im Untergrund vorhanden ist, um welches Metall es sich handelt, wie tief es liegt und in welcher Menge es vorkommt, ehe Bergleute das Erz zumeist im Tagebau mit Hacke und Schaufel ergraben konnten.

Aus diesem Grunde entwickelten sich in der Erzsuche die verschiedensten Rutenarten und Begehungstechniken, z. B. Metallruten, Bogenruten, Springruten (»Virgula salia«), die Virgula furcilla, Virgula trepidante oder die Virgula lucente. Bei letzterer wurde eine brennende Kerze auf die Rute gesteckt. Diese erzeugte ein starkes Rauschen ähnlich wie bei einem schlechten Radioempfang, sodaß nur noch die starken (»lauten«) Intensitäten einen Rutenausschlag provozierten. Der Rutengänger konnte dadurch sicher sein, eine genügend große Menge des gewünschten Metalls gefunden zu haben. Bis in unser Jahrhundert hinein blieb die Radiästhesie vor allem in ländlichen Gegenden ein wesentliches Instrument der Erz- und Wassersuche.

Neben diesen beiden Nutzungsarten der Radiästhesie gab es aber im Mittelalter noch eine dritte: die sogenannte »verbotene« Radiästhesie. Sie beinhaltete alle Motivationen, zu denen die Radiästhesie nicht eingesetzt werden durfte, wie das Auffinden von Personen oder auch die geomantische Nutzung. Wer dagegen verstieß, war oft der Hexerei schuldig. Gerade die findigen Bergwerksprospektoren standen daher meist mit einem Bein vor der Inquisition.

Der alte Stich aus »Speculum Metallurgiae« (1700) zeigt Rutengänger bei der Arbeit (Abb. 4). Es ist zu sehen, daß Radiästheten hier Zonen auffinden. Eine davon wird durch einen Helfer mit Pflöcken markiert. Die anderen Zonen, an denen ein Rutenausschlag erfolgte, so genannte Reizzonen, bleiben unberücksichtigt. Folgt man jedoch der hervorgehobenen Linie, so sieht man, daß diese auf die Kirche des Dorfes zuläuft. Die Rutengänger wußten daher um die Kraft des heiligen Ortes.

Die Radiästhesie war und ist zumeist noch heute ein pragmatisches Werkzeug zur Problemlösung. Wäre der Rutenausschlag eine Fiktion, wie einige behaupten, so wäre sie längst aufgegeben worden. Denn allein durch Versuch und Irrtum hätte man wohl kaum über Jahrhunderte

Abb. 4: Rutengänger in einem Stich aus
Speculum Metallurgiae von 1700

Wasseradern zur Brunnenbohrung oder Erzgänge finden können. So kam auch Prof. Herbert König von der TU München in seiner Untersuchung im Auftrag des Bundesforschungsministeriums durch Doppelblindversuche mit künstlichen Magnetfeldern und Wasserleitungen zu dem Schluß, daß der Ausschlag einer Wünschelrute bei einem Radiästheten mit einer Wahrscheinlichkeit von 99,9999 % nicht als Zufall anzusehen ist.

Wie funktioniert nun die Radiästhesie? Wie in Übung 1 (S. 31) beschrieben, wird die Rute in ein labiles Gleichgewicht gebracht. Jede Veränderung des Muskeltonus veranlaßt die Rute nun zu einer Drehbewegung, die im Rutenausschlag mündet. Provoziert man eine solche Reaktion nicht bewußt, sondern bewegt sich gleichmäßig über den Boden hinweg, kommt es an irgendeiner Stelle zur Reaktion. Hier liegt eine Inhomogenität des Strahlungsniveaus vor, d.h. die gleichmäßige Abstrahlung des Erdbodens erfährt hier eine Veränderung. Vielleicht weil Sie auf einer Wasserader stehen, einer geologischen Verwerfung oder einem Gitternetzstreifen. Dies zu unterscheiden, ist die Kunst der Radiästhesie und bedarf einiger Übung. Da man von der Weltsicht ausging, daß diese unsichtbare Strahlung wohl eine materielle Strahlungsquelle haben müsse, dachte man sich diese meist in der Erde liegend. Von daher stammt der Begriff *Erdstrahlen*. Gerade aber in der Geomantie begegnet man auch ganz anderen, oftmals nicht-physikalischen Strahlungsquellen. Diese sitzen nicht nur in der Erde, sondern wirken aus dem Kosmos auf uns ein, schweben quasi über dem Boden oder wirken parallel zu ihm. Der Ausdruck Erdstrahlen ist daher unvollkommen. Leider hatte er zur Folge, daß – z.T. bis heute – die meisten Radiästheten fast ausschließlich zweidimensional dachten. Sie dachten sich die Reaktionszonen als Linien auf dem Erdboden und berücksichtigten die dritte Dimension nur selten. Viele wunderbare – unsichtbare – Formen (Säulen, Kugeln, Kegel) blieben ihnen so verborgen.

Um welche Strahlung handelt es sich nun? Die gängige Erklärung, die vor allem durch die physikalische Radiästhesie geprägt wurde, ist die der elektromagnetischen Welle oder der mikrowellenähnlichen Erscheinung (Prof. Eike Georg Hensch). Da die meisten radiästhetisch wahrgenommenen Frequenzen den physikalisch-optischen Gesetzen gehorchen (Reflexion, Beugung, Brechung, Absorption), ist dieses Erklärungsmodell weitgehend befriedigend. Weitgehend! Denn auch hier gibt es immer wieder Phänomene, die allein aus dieser physikalischen Weltsicht heraus nicht vollständig erklärt werden können. So können Menschen – was im Blindversuch mehrfach überprüft wurde – z.B. Wasseradern in einen Raum hineindenken, die nicht materiell vorhanden sind, aber von mehreren Rutengängern unabhängig voneinander gefunden werden. Vielleicht könnte hier wiederum das Gedankenmodell des Äthers weiterhelfen. Wie Wilhelm Reich meint, könnte der Wünschelrutenausschlag die Reaktion (Muskelzuckung) eines orgonenergetischen, ätherischen Kontaktes zwischen dem Energiefeld des Rutengängers und der die Wasserader begleitenden Orgonströmung sein (s.a. das Kapitel *Wilhelm Reich*). Eine solche Strömung könnte aber auch unabhängig von einer materiellen Wasserader existieren, als reines Ätherfeld, das durch die Gedankenkraft (Geist) erzeugt wurde.

Als Mittler zwischen Geist und Materie würde der Äther auf beide Pole reagieren.

Die Radiästhesie folgt ihrem rein physikalischen Weltbild nicht nur in der Erklärung der von ihr gefundenen Phänomene, sondern vor allem auch in ihrer Technik. Die V- oder Gabelrute wird hier als so genannte Dipol-Antenne aufgefaßt. In der Antennenphysik kann jeder Gegenstand aufgrund seiner Länge und Form als Resonator oder Antenne dienen; so auch eine gängige Weiden-, Hasel- oder Kunststoffrute. Die Antenne steht dabei in Abhängigkeit von ihrer gewählten Länge in Resonanz mit einer bestimmten Frequenz. Kenne ich nur die kennzeichnenden Frequenzen eines Phänomens (z.B. von fließendem Wasser), so kann durch Veränderung der Länge der Antenne diese mit der gewünschten Frequenz in Reaktion gebracht werden. Bei einer klassischen Wünschelrute geschieht dies durch eine Veränderung des Halteabstandes, d.h. die Rute wird kürzer oder länger gegriffen. Daher bezeichnet man diese Technik auch als »Grifflängen-Technik«. Mittels der Kenntnis um die kennzeichnenden (also erkennenden) Frequenzen oder Grifflängen können nun die verschiedenen Phänomene wie Wasseradern, geologische Verwerfungen, technische Strahler, aber auch geomantische Phänomene, wie bestimmte Kultstätten, erkannt und interpretiert werden.

Die sogenannte mentale Radiästhesie dagegen erreicht diese Resonanz u. a. über die innere Einstimmung des Rutengängers auf ein bekanntes Phänomen; d. h. durch vorhergehende Eichung des Radiästheten, z. B. auf die Resonanz mit Wasser, erhält er zielsicher bei diesem Phänomen seinen Rutenausschlag. Eigentliches Werkzeug der Radiästhesie ist in beiden Fällen (mentale oder physikalische Radiästhesie) der Mensch. Die Rute oder das Pendel sind lediglich Anzeige- oder Verstärkungs- bzw. Filterinstrumente. Daher ist die Treffsicherheit eines Radiästheten auch stets abhängig von den verschiedensten Faktoren (Witterung, Sonnenfleckenaktivität, Gesundheitszustand, Streß). Man spricht daher im allgemeinen von Mutung statt von Messung, obwohl auch physikalische Meßinstrumente von solchen Außenfaktoren (z. B. Temperatur, Zustand der Batterie, Überlastung) abhängig sind und sich in ihrer Meßgenauigkeit beeinflussen lassen. Übung 1 läßt Sie einen kleinen Einblick in die Radiästhesie bekommen. Zum korrekten Erlernen der

Rutenfähigkeit sollte aber unbedingt ein erfahrener Radiästhet aufgesucht werden (s. Adressen im Anhang).

Übung I: Radiästhesie

a) Haltung: Stellen Sie sich bequem aber aufrecht hin. Heben Sie die Unterarme, so daß sie waagerecht nach vorne weisen; die Oberarme hängen senkrecht nach unten. Halten Sie die Arme etwa schulterbreit auseinander. Die Handinnenflächen weisen nach oben.

Haltetechnik: Halten Sie nun eine Wünschelrute (Kunststoffrute oder Weidenrute) so, daß jeweils ein Ast auf einer Hand liegt. Die Äste liegen zwischen Ringfinger und kleinem Finger so an, daß die Rute den kleinen Finger am zweiten Glied berührt. Schließen Sie die Hände. Biegen Sie nun die beiden Enden der Rute so lange nach vorne, bis die Rute ausschlägt. Entspannen Sie sich und wiederholen Sie das willkürliche Ausschlagenlassen der Rute.

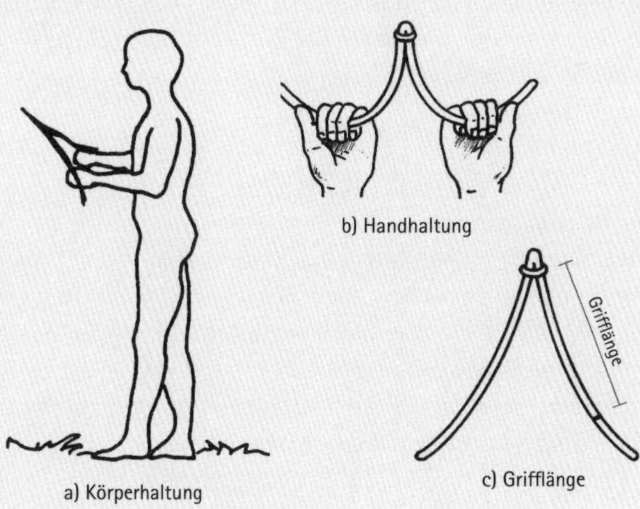

Abb. 5: Handhabung der Kunststoffrute

b) Halten Sie die Rute wie oben. Biegen Sie die Enden nun so weit nach vorne, daß die Rute gerade noch nicht ausschlägt (labiles Gleichgewicht). Ist die richtige Spannung erreicht, so kann durch ein sanftes Nach-Innen-Drehen beider Hände ein Ansteigen der Rute bewirkt werden. Ein kleiner Anstoß von außen reicht nun, um einen Rutenausschlag zu provozieren. Gehen Sie so – entspannt – über ebenen Boden. Markieren Sie Rutenausschläge am Boden mit Stäbchen oder Steinen und spannen Sie die Rute erneut.

c) Greifen Sie nun wie oben die Weidenrute an den Knospenbildungen. Wenn Sie eine Kunststoffrute verwenden, so tragen Sie von der Oberkante der Haltungsmanschette mit einem Maßband 27,5 cm ab und markieren Sie diese Länge mit einem wasserfesten Folienstift. Greifen Sie die Rute so, daß die Markierung gerade noch zwischen kleinem Finger und Ringfinger zu sehen ist. Begehen Sie nun den Ort erneut mehrmals und markieren Sie die Rutenausschläge. Die Länge 27,5 cm bzw. die Internodien (= Abstände der Knospenbildung) des Weidenzweiges entsprechen der Frequenz des Wassers. Haben Sie sauber gearbeitet und oft genug geübt, so haben Sie nun auf dem Boden vor sich die Markierung einer Wasserader liegen. Probieren Sie es auch mit den Längen

- 15,5 cm (Verwerfung),
- 21,5 cm (Globalgitter),
- 24,5 cm (Diagonalgitter).

Achtung: Begehen Sie den Ort immer in parallelen geraden Begehungslinien, markieren Sie einen Rutenausschlag am Boden und spannen Sie die Rute erneut, ehe Sie weitergehen. Begehen Sie einen Ort niemals im Zickzack oder willkürlich, und vor allem: Interpretieren Sie die Markierungen erst nach Abschluß Ihrer Arbeit (Verlauf der Wasserader). Eine frühzeitige Interpretation könnte Ihre Ergebnisse beeinflussen und verfälschen. Welche Muster liegen nun vor Ihnen?

Wie oben bereits erwähnt, bedarf es zur Feststellung der Qualitäten des Ortes bzw. der hier wirkenden Kräfte nicht unbedingt einer Wünschelrute. Da auch bei der klassischen Radiästhesie das eigentliche Meßinstrument des Radiästheten sein Körper ist, ist es bei ausreichender Schulung durchaus auch möglich, auf Pendel und Rute zu verzichten!

Ich bin sicher, daß jeder Leser ohnehin ständig seinen Körper als ein solches Meßinstrument einsetzt, nur ist er sich dessen in den seltensten Fällen bewußt. Achten Sie nur einmal darauf, wie Sie sich in bestimmten Situationen verhalten: Sie kommen z.B. in ein Hotelzimmer, in dem zwei Betten stehen. Welches Bett wählen Sie und warum? Oder: Sie ziehen um, und ohne lange darüber nachzudenken, plazieren Sie die Möbel an Orten, die Ihnen gemäß erscheinen. Sie gehen spazieren und suchen einen Platz für eine Pause. Warum lassen Sie sich an diesem Baum nieder und nicht an jenem?

Diese wenigen Beispiele zeigen, daß Sie unablässig dabei sind, Orte zu beurteilen und Plätze zu suchen, mit denen Sie in Resonanz gehen können. Der Unterschied in der Geomantie ist, daß dies hier bewußt geschieht. Tiere und Menschen besitzen eine Vielzahl von organischen Schwingungsempfängern, um die Frequenzen der Orte abzutasten und einzuordnen. So bilden Gehörgänge nahezu perfekte Schwingkreise, die – oftmals mit für Schwingungen empfängliche leitende Flüssigkeiten gefüllt – technischen Schwingkreisen von Radioempfängern gleichen. Der Schädelbereich des Hinterkopfes gleicht einer Satellitenschüssel, die eingefangene Wellen auf ein Zentrum – den Bereich von Thalamus und Zirbeldrüse – bündelt. Schnurrhaare, Fischgräten, Rippen u.a. Körperbestandteile geben wunderbare Antennenfigurationen ab.

Eine weitere Methode der Geomantie ist daher schlicht, auf seine Körpersprache zu achten. Fühle ich mich wohl oder unwohl an einem Ort? Kann ich hier entspannen? Bin ich nervös? Bekomme ich Schmerzen in bestimmten Organen? Kribbelt es oder juckt es?

Übung 2 lädt Sie ein, auf Ihre Empfindungen zu achten – in sich selbst anwesend zu sein. Darüber hinaus dient sie als Vorbereitung zu weiteren Übungen, wie sie im zweiten Teil dieses Buches beschrieben werden. Je öfter Sie sie üben, um so leichter werden Sie Ihre innere Anwesenheit auf andere Objekte ausdehnen können. Diese und vergleichbare Übungen dieses Buches sind von mir speziell für die Geomantie weiterentwickelte Techniken von traditionellen daoistischen Qi-Gong-

Übungen aus China. Sie schulen die Aufmerksamkeit und das Empfinden der ätherischen Ebene. Für eine grundlegende Schulung der Wahrnehmung sei auf mein Buch *Grenzenlose Sinne* (Neue Erde) verwiesen.

Übung 2: Anwesenheit

Haltung: Stellen Sie sich aufrecht hin. Ihre Füße stehen etwa schulterbreit auseinander. Stellen Sie sich vor, daß am höchsten Punkt Ihres Kopfes ein Faden befestigt ist. Hängen Sie mit Ihrem ganzen Gewicht an diesem Faden. Gleichzeitig zieht Sie ein schweres Gewicht, das an Ihrem Steißbein befestigt ist, nach unten. So sind Sie aufgespannt zwischen Himmel und Erde. Ihre Zunge haftet am Gaumen hinter den Schneidezähnen. Ihre Augen sind geschlossen. Sie sind völlig entspannt. Ihre Hände ruhen auf dem Bauch; und zwar so, daß die Mittelpunkte der Handflächen übereinander liegen.

Energie-Übung: Atmen Sie vollkommen entspannt in Ihren Bauch. Ihre Bauchdecke wölbt und senkt sich im Rhythmus. Lassen Sie nun Ihre Aufmerksamkeit mit jedem Atemzug tiefer sinken. Tiefer und tiefer, bis Sie schließlich im Bauch angekommen sind. Halten Sie Ihre Aufmerksamkeit in der Nabelgegend – besser gesagt, zwei bis drei Finger breit tiefer, einer Region, die die Daoisten Dantien (»Zinnoberfeld«) nennen.

Konzentrieren Sie sich nicht auf den Bauch; visualisieren Sie ihn nicht, sondern lassen Sie Ihre Aufmerksamkeit dort. So wie ein verliebter Mensch nicht ständig den Namen seines Partners vor sich hersagt oder sich ihn visualisiert und dennoch ein Teil seiner Aufmerksamkeit auf ganz natürliche Weise permanent beim Partner ist, so sollte Ihre Aufmerksamkeit im Bauch sein. Seien Sie einfach im Bauch anwesend, spüren Sie hinein. Die Chinesen sagen: »Wo die Aufmerksamkeit (I) hingeht, geht auch das Qi hin.« Vielleicht spüren Sie bereits nach wenigen Sekunden der Übung etwas: ein Kribbeln vielleicht oder einen Druck, ein Kältegefühl oder sehr oft Wärme. Dies sind Wahrnehmungen des Qi in Ihrem Körper.

Beobachten Sie einfach, was um das Feld Ihrer Aufmerksamkeit herum geschieht!

Nehmen Sie nun die Aufmerksamkeit ein wenig höher in den Solarplexus und tiefer in den Unterbauch. Was passiert mit der Wahrnehmung? Fließt das Wärmegefühl, der Druck, das Kribbeln mit? Sammeln Sie sich zum Abschluß noch einmal einige Sekunden im Bauch und kommen Sie dann wieder zu sich!

Da, wie wir gesehen haben, Menschen und Tiere eingebaute Resonatoren besitzen und sie den ihnen unangenehmen Orten – oft unbewußt – schnell entfliehen, ist anzunehmen, daß es bei Pflanzen ähnlich ist. In der Tat ist dem so: Die Nerven der Blätter entsprechen Fischgräten und die Kiefernnadeln physikalischen Dipolantennen. Der einzige Unterschied ist, daß Pflanzen dem einmal – durch Zufall oder menschliches Einwirken – gewählten Ort nicht mehr entfliehen können. Sie bleiben den dort wirkenden Kräften ausgesetzt. Ihr einziger Schutzmechanismus ist, den negativen Strahlungen räumlich (durch Wuchs) oder frequenzspezifisch (durch Veränderung ihrer Antennenkonfiguration) auszuweichen.

So verkürzen sich, wie wissenschaftliche Untersuchungen an Nadelbäumen zeigten, in Einzugsbereichen von Radaranlagen oder Funksendern oft die Nadeln. Damit tunen sich die Bäume sozusagen auf andere, ihnen angenehmere Frequenzen ein. Gerade Pflanzen stellen daher für die Geomantie hervorragende Monitororganismen dar. Ihr Wuchsverhalten läßt Rückschlüsse auf die Kraft des Ortes zu (siehe das Kapitel *Pflanzen sprechen*).

Neben der Radiästhesie und dem persönlichen körperlichen wie seelischen Empfinden stellt somit die Sinnesschärfung ein wesentliches Instrument der Geomantie dar. Wie im Kapitel *Die Weltsicht der Geomantie* beschrieben, ordneten indische Geomanten den Ort nach dem Wuchs der Pflanzen, dem Verhalten von Tieren, der Farbe, dem Geruch, selbst dem Geschmack des Bodens ein.

Dem Geist als dritter Ebene unseres Drei-Welten-Modells kommt selbstverständlich ebenso ein wesentlicher Anteil bei geomantischen

Methoden zu. Er ist wie unser körperliches und seelisches Empfinden ein Werkzeug der Ortsanalyse.

Wir sprechen beispielsweise von Ein-fällen, ohne länger darüber nachzudenken, von woher uns denn etwas ein-fällt. Diese Ansicht, daß auch Gedanken und Ideen von außen kommen können – wir sprechen auch von Inspiration (wörtl.: »Einhauchung«) – wurde schon von Platon vertreten. Er dachte sich einen Urraum, in dem alle Dinge, die es je gab und die es je geben wird, in ihrer Urform vertreten sind. Hier existieren Ur-Blumen, Ur-Häuser, Ur-Pferde, Ur-Katzen, also quasi geistige Prototypen. Platon nannte diese Welt »Ideen-Welt«. Hat beispielsweise ein Erfinder einen Einfall, so fällt ihm eine Idee aus dieser Welt, diesem Urraum, in seine geistige Matrix hinein, wird vom Wachbewußtsein des Erfinders erfaßt und modifiziert, gleichsam persönlich eingefärbt. So kommt es, daß oft Erfindungen zur selben Zeit von verschiedenen Personen gemacht wurden, die nicht in gegenseitigem Austausch standen. Die Idee war sozusagen reif und fiel – einem Apfel gleich – vom Baume der Erkenntnis herab.

In der Geomantie ist daher sorgfältig darauf zu achten, was einem an einem Ort einfällt, welche Assoziationen und Ideen einem spontan in den Sinn kommen. Sie geben uns Hinweise auf die *geistige Ebene des Ortes* (siehe das gleichnamige Kapitel). Da aber jeder dieser Urgedanken erst unser Bewußtsein durchdringen muß und dadurch notgedrungen persönlich geformt und eingefärbt wird, damit wir ihn auch verstehen, ist eine andere kreative Fähigkeit des Menschen von besonderer Wichtigkeit: die Kraft der Fantasie.

Leider wird die Fantasie heute leichtfertig mit einer Illusion, einer persönlichen Fiktion gleichgesetzt, die nichts mit der Realität zu tun hat. Die Fantasie ist jedoch Einbildung im besten Sinne, nämlich die Prägung eines Bildes oder anders: die Umformung einer geistigen Urkraft in ein für unseren Verstand verstehbares Bild. Auftauchende innere Bilder sagen uns daher in Symbolsprache etwas über die geistige Kraft des Ortes, an dem wir uns befinden. Wir müssen uns aber davor hüten, diese Bilder für bare Münze zu nehmen, d.h., es wäre unklug, sie z.B. direkt in einen Begriff zu übersetzen. Diese Bilder sind behaftet mit all unseren Assoziationen und persönlichen Erlebnissen, mit unseren

Wertungen und Erwartungen, dennoch sind sie wichtige Parameter des Ortes. Dazu später mehr (siehe dazu auch Stefan Brönnle: *Grenzenlose Sinne*, Neue Erde). Alles, was uns an einem Ort begegnet, ob unser persönliches Empfinden, Ideen, Assoziationen, der Wuchs von Bäumen oder das Verhalten von Tieren, sollte somit bei der geomantischen Analyse Berücksichtigung finden; ja selbst Situationen und Erlebnisse, die scheinbar kausal nichts miteinander zu tun haben. Wollen wir z.B. zu einer uns bekannten Kultstätte aufbrechen, um diese zu untersuchen, und geraten auf dem Weg dorthin von einem Stau in den anderen, dann kann dies darauf hindeuten, daß unsere Arbeit dort nicht erwünscht ist. Das bedeutet nicht, daß hier kausale Kräfte wirken, vielmehr befinden wir uns in einer anderen Realitätsebene, der Synchronizität. Bei der Synchronizität handelt es sich – wie es der Psychoanalytiker C.G. Jung beschrieb – um ein Zusammentreffen von inneren und äußeren Ereignissen. Wichtig ist jedoch, daß das äußere Ereignis (der Stau) eine innere Symbolhaftigkeit für uns besitzt.

Das Zusammentreffen des äußeren und inneren Ereignisses verläuft dabei jedoch akausal, parallel, eben »synchron«. So haben Abdrücke im Sand und Rauch in der Luft kausal nichts miteinander zu tun, denn wenn ich Rauch in die Luft blase, entstehen nicht notwendigerweise Abdrücke im Sand und umgekehrt. Dennoch weisen beide Ereignisse auf die Anwesenheit von Menschen hin, einer geistigen Kraft also, die unterschiedliche Spuren (Fußabdrücke und den Rauch eines Feuers) in verschiedenen Medien (Erde und Luft) hinterläßt.

Ein wunderschönes Erlebnis mag das Wirken der Synchronizität verdeutlichen: Als ich im Rahmen eines Geomantie-Seminars mit einer Gruppe im Hof einer Burg übte, durch die eine Energielinie führt, gab ich Anweisung, die Teilnehmer sollten sich – wie in Übung 2 beschrieben – versenken und dann aufmerksam über den Burghof schreiten, um zu beobachten, was mit ihnen passiert. Nach einer kurzen Einstimmungsphase setzte die erste Teilnehmerin ihren ersten Schritt. Kaum hatte sie dies getan, flatterte eine Schar Tauben vom Dach der Burg auf und begann den Burghof in immer enger werdenden Kreisen zu umfliegen, bis sie schließlich nur noch über den Teilnehmern kreiste. Nach einigen Minuten der Übung gab ich Anweisung, zu sich zu kommen und die Übung zu beenden. Kaum hatte ich die Teilnehmer auf diese Weise in ihr Normalbewußtsein zurückgeholt, ließen sich auch die Tauben wieder auf dem Dach nieder!

Arbeitet man in einer Gruppe von Menschen mit den oben beschriebenen Methoden an einem Ort, so kann es geschehen, daß Aussagen gemacht werden, die sich scheinbar widersprechen. Dennoch können solche verschiedenen Aussagen auf einer höheren Ebene (man denke an den Rauch und die Fußabdrücke) zusammen einen Sinn ergeben. Eine Fabel gibt diese Tatsache treffend wieder:

In einem blinden Volk wurde einmal eine Gruppe von Weisen auf einem Marktplatz zusammengerufen. Es hatte sich hier etwas festgesetzt, was zuvor nicht dagewesen war und das man deshalb nicht kannte. Das Volk war beunruhigt und bat die Weisen zu sagen, worum es sich handelte. Nachdem die Weisen das Objekt betastet hatten, gab jeder von ihnen eine andere Beschreibung von sich. Der eine sprach: Es ist eine Wand, der andere: Es ist eine Säule, ein Dritter hielt es gar für eine Schlange und ein Vierter für einen Besen. In Wirklichkeit aber handelte es sich um einen Elefanten. Einer der Weisen hatte seinen Bauch betastet, ein anderer sein Bein, ein dritter den Rüssel und der letzte den Schwanz!

Jede der beschriebenen Methoden der Geomantie kann uns somit Hinweise über eine andere Ebene des Ortes geben.

Geomantische Weltbilder

Wie nun schon mehrfach gezeigt, gibt es ganz unterschiedliche Ansätze und Weltbilder in der Geomantie. Ich möchte hier am Ende des Kapitels über die Grundlagen versuchen, diese verschiedenen Weltsichten ein wenig zu systematisieren.

Zunächst gibt es das Weltbild der *physischen Kausalität.* Der vorherrschende Grundgedanke ist der der Trennung. D. h., wir sind voneinander getrennt, und nur das, was mit mir physisch oder durch physikalische Kräfte verbunden ist, wirkt auf mich. Dieses Weltbild nimmt z.B. die klassische Elektrobiologie, aber größtenteils auch die Radiästhesie ein. Dies zeigt sich daran, daß die entsprechenden Teilgebiete der Geomantie meist physikalisch argumentieren. So kommt es in dieser Weltsicht z.B. zu der Aussage: »Ich bin krank geworden, *weil* ich auf einer Wasserader geschlafen habe.«

Obgleich nicht mehr unbedingt physikalischen Naturgesetzen nachhängend, bleibt auch das Weltbild der *Kausalität* in einem erweiterten Kausalitätsmodell doch in einer ähnlichen Geisteshaltung. Der Grundgedanke ist der der Überbrückung. Auch Kräfte, die ich nicht ganz durchschaue, werden als wirksam akzeptiert. Obgleich Analogiesysteme eigentlich alles andere als kausal sind, werden sie dennoch häufig so interpretiert. Ein Beispiel wäre das Feng Shui. Hier hört man oft und gerne den Satz: »Ich bin arm, *weil* ich im »Reichtumseck« einen Fehlbereich habe. Das Reichtumseck ist ein bestimmter Bereich im Grundriß. Fehlt dieser, wird er oft *ursächlich* zur kausalen Begründung finanzieller Probleme herangezogen. Zwar versteht man nicht die Wirkkraft, doch das Denken bleibt kausal determinierend.

Dieses Denken wird erst im Weltbild der Resonanz (weitestgehend) losgelassen. Der Grundgedanke dieses Weltbildes ist die Wechselwirkung. Es wird ein »höheres Gesetz« angenommen, das mich mit den Objekten der Außenwelt verbindet. Es ist z.B. das Denken des Psychologen C.G. Jungs: Unser Inneres ist durch eine Art »höhere Sinnhaftigkeit«, die Synchronizität, mit der Außenwelt verbunden. Außenwelt und Innenwelt können über diese miteinander kommunizieren und agieren. Bleiben wir beim Feng Shui, so wäre eine typische Aussage dieses Weltbildes: »Die Form und Ausrichtung des Hauses stimmen mit meinem Wesen und Charakter überein.«

Im Weltbild der *Verbundenheit* schließlich herrscht die Grenzenlosigkeit als Grundgedanke vor. Mensch und Umwelt sind gar nicht getrennt. Der Mensch ist fähig, mit seinem Bewußtsein den Raum um sich zu durchdringen, so wie der Raum ihn durchdringen kann. Die Aussage: »Die Verletzung dieses Baumes tut mir seelisch weh«, verweist auf diese Grundhaltung.

Doch selbst dieses Weltbild läßt sich noch weiter zum Weltbild der »Identität« entwickeln. Grundgedanke ist die Einheit. Die Person empfindet sich als identisch mit einem »Objekt der Außenwelt«. Zugegeben führt eine solche geistige Grundhaltung in unserer Gesellschaft auf Dauer meist in die psychiatrische Therapie. Doch in gezielten zeitlich beschränkten Übungen und Meditationen wird sie zu einem tiefgreifenden Erfahrungsinstrument: »Ich bin der Schöpfer meiner Wirklichkeit!« Oder noch intensiver: »Der Raum bin ich!« In dieser Weltsicht werden Ereignisse in der »Außenwelt« (die es in dieser Weltsicht eigentlich nicht gibt) als Spiegelungen innerer Zustände verstanden: »Das Haus hat einen Wasserschaden. Ich meditiere darüber, was *mit mir* los ist.«

Diese Grundhaltung läßt sich m. E. eigentlich nur noch durch die Zen-artige Auflösung des Ichs »toppen«. Hier gibt es kein Ich mehr, das getrennt oder verbunden sein kann. Alles IST.

Wenn Sie in sich nachgespürt haben, werden Sie wahrscheinlich bemerkt haben, daß Sie sich mehreren Grundhaltungen zuordnen können. Wir oszillieren beständig zwischen den Weltbildern der *physikalischen Kausalität* und der *Identität*. In der geomantischen Praxis ist es sinnvoll, dies gezielt und gewollt zu können und sich so Analysemethoden anzueignen, die in verschiedenen Weltbildern wurzeln. Jedes dieser Weltbilder kann Aussagen über eine andere Ebene des Ortes geben. Dabei können selbst unwichtig erscheinende Ereignisse von zentraler Bedeutung sein. Dennoch muß vor allzu großer Bedeutungsfülle gewarnt werden. Wenn man erst einmal in die gezeigte Art des Denkens vorgestoßen ist, in der akausal verschiedene Dinge zueinander in Bezug stehen, kann es einem leicht passieren, sich darin zu verlieren. Plötzlich hat alles eine Bedeutung und steht miteinander in höchst brisanter Beziehung. Unbewußten Handlungen von Menschen werden plötzlich Motive unterstellt, die niemals gegeben waren. Kleinste Nebensächlichkeiten werden zu Weltverschwörungen aufgebauscht. Leider ist immer wieder zu beobachten, daß Menschen in solche psychotischen Weltwahrnehmungen verfallen. So wie der pure Materialismus einen absoluten Mangel der Wahrnehmung nichtmaterieller Wirklichkeitsebenen darstellt und damit zu nihilistischen Philosophien neigt (»Alles ist sinnlos.«), ist die Psychose geradezu das Gegenextrem (»Das hat alles eine Bedeutung.«). Was uns davor schützt, ist der Humor. Er hilft uns, nicht alles zu ernst zu nehmen und Realitäten zu relativieren. Erleben Sie daher Geomantie als ein Spiel – ein bedeutungsvolles zwar, aber eben doch nur ein Spiel!

Dies führt uns natürlich zu der Frage nach dem Sinn des Spieles. Nun, es macht unser Leben bedeutungsvoller, erlebnisreicher, schöner und reizvoller. Die Geomantie rückt die seelisch-geistige Qualität des Ortes in den Mittelpunkt ihrer Betrachtung.

Gerade in einer Zeit, in der sich der Mensch nahezu vollständig »entortet« hat, wird die Geomantie zu einem eigenständigen Aufgaben- und Berufsfeld, das von höchster gesellschaftlicher Bedeutung ist. Die Geomantie verbindet den kreativen künstlerischen Gestaltungsaspekt mit Elementen aus Naturwissenschaft, Geisteswissenschaft und Religion. Sie ist damit eine sinnvolle Ergänzung aller gestalterischen, planerischen, künstlerischen und therapeutischen Berufe.

Es ist zu erwarten, daß geomantisches Wissen in absehbarer Zeit in all diesen Berufsfeldern Anwendung finden wird, denn bereits heute interessieren sich mehr und mehr Universitäten und Bildungszentren für das Wissen der Geomantie.

Weiterführende Literatur zu diesem Kapitel

Stefan Brönnle: *Landschaften der Seele*, Schirner Verlag, Darmstadt 2006

Rüdiger Dahlke: *Der Mensch und die Welt sind eins*, Heyne Verlag, München 1991

Marko Pogačnik: *Schule der Geomantie*, Knaur, München 1996/2000

ders: *Das geheime Leben der Erde – Neue Schule der Geomantie*, AT Verlag, Baden + München 2008

Reinhard Schneider: *Leitfaden und Lehrkurs der Ruten und Pendelkunst*, Teil I und Teil II, Oktogon, Wertheim 1977, 1989

Eike Georg Hensch: *Radiaesthesie im ländlichen Bauen und Siedeln*, Arbeitskreise zur Landentwicklung in Hessen, Wiesbaden 1987

ders: *Geomantisch Planen, Bauen und Wohnen*, Bd 1 und 2, Drachenverlag, Klein Jasedow 2007

Ebenen geomantischer Arbeit

Die Kraft des Ortes

Eine der häufigsten Assoziationen zur Geomantie ist der »Kraftort«. Meist stellt man sich darunter große Orte wie die Cheopspyramide, Stonehenge, die Kathedrale von Chartres oder vielleicht auch die Externsteine vor. Was jedoch ein Kraftplatz oder Ort der Kraft ist, darüber herrscht meist nur eine verschwommene Vorstellung.

In der Regel versteht man unter einem Ort der Kraft einen Ort, der sich durch seine Atmosphäre, seine Ausstrahlung, seine Energie oder geistige Präsenz von der unmittelbaren Umgebung unterscheidet. Oft ranken sich Sagen um ihn, und er wirkt auf die eine oder andere Art geheimnisvoll und anziehend auf uns. Sie werden bereits merken, daß solcherart Beschreibungen auf viele Orte zutreffen können. Kraftorte erschöpfen sich daher nicht in den oben beschriebenen weltbekannten und von Touristenströmen überschwemmten Plätzen, sondern sind auch in Ihrer Stadt zu finden: vielleicht auf einem nahen Berg, mitten in Ihrem Dorf, bei der kleinen Kapelle um die Ecke oder gar in Ihrem Wohnzimmer. Ein Ort der Kraft ist folglich ein Platz, an dem Sie Kraft tanken können. Doch wie bereits in den ersten Kapiteln beschrieben, ist die Qualität dieser Kraft durchaus unterschiedlich. An dem einen Ort findet man vielleicht tatsächlich eine Art körperliche Regeneration oder Aufladung, an einem anderen seelischen Trost und an einem dritten möglicherweise geistigen Austausch und Führung.

Was ist es aber, das einen Ort besonders macht, ihn zum Kraftort, zum heiligen Ort werden läßt? Wie in meinem Buch »Landschaften der Seele« näher ausgeführt, bestätigten physikalische Untersuchungen der Orte ihre Besonderheit. So zeichnen sich bevorzugte sakrale Orte wie Berggipfel, Wasserfälle oder Haine heiliger Bäume oft durch eine erhöhte Konzentration negativer Ionen in der Luft aus. Diese können, wie medizinische Untersuchungen ergaben, sowohl bewußtseinserweiternd wirken als auch die Selbstheilungsfähigkeit des menschlichen Körpers erhöhen. Daneben treten häufig magnetische Anomalien im Bereich des sakralen Ortes auf. So finden sich z. B. in der Bretagne und im Süden Englands erhöhte Konzentrationen prähistorischer Kultstätten. In diesen Gebieten herrscht Granit im Untergrund vor – ein an Magnetiten reiches Gestein. Bestimmte Teile des Gehirns, so z. B. der Schläfenlappen, sind für magnetische Felder empfindsam, und Stimulationen können Gefühle der Außerkörperlichkeit sowie Visionen erzeugen. Der englische Geomantie-Forscher Paul Devereux untersuchte zahlreiche prähistorische Kultstätten in England und fand häufig magnetische Anomalien vor. Jene Orte aber, die gegenüber der Umgebung verringerte magnetische Eigenschaften aufwiesen, neigten zu erhöhter radioaktiver Abstrahlung. Auch diese könnte zur Ursache der Heiligkeit der Orte beitragen.

Hinzu kommen häufige Berichte von fliegenden Lichtern und Feuerkugeln bei zahlreichen Wallfahrtstätten (z. B. Fatima) oder vorchristlichen Sakralorten. Paul Devereux wies sehr einleuchtend nach, daß es sich dabei um elektromagnetische Erscheinungen handelt, die bei seismischen Aktivitäten des Erdkörpers entlang geologischer Bruch- und Verwerfungszonen auftreten können (»earthquake lights« = Erdbebenlichter). Interessant dabei ist, daß diese elektromagnetischen Erscheinungen fähig sind, auf das menschliche Bewußtsein zu reagieren und mit ihm zu kommunizieren.

Über diese unmittelbar physikalisch nachweisbaren Ursachen hinaus lassen sich an besonderen Orten oftmals radiästhetische Besonderheiten wie Mehrfach-Kreuzungen unterschiedlicher Systeme (Verwerfungen, Wasseradern, Gitternetze) nachweisen. Wie jedoch im Kapitel *Die physische Ebene des Ortes* beschrieben, kann dies allein die sakrale Kraft heiliger Orte nicht erklären. Wir verblieben ansonsten in der physikalischen Ebene. Jedoch bilden solche Erscheinungen Anknüpfungspunkte für geistige Kräfte, die sich über ätherische Phänomene (siehe das Kapitel *Die Organe der Landschaft*) mit dem Ort und dem hier befindlichen physikalischen Phänomen (z. B. Wasserader-Kreuzung) verbinden. Der Geomant Marko Pogačnik bezeichnet sie als »Fokuspunkte«. Auf der anderen Seite hört man immer wieder, daß Menschen durch den permanenten Aufenthalt an bestimmten Plätzen erkranken. »Geopathogen«

(= krankheitsverursachender Ort) nennt man diese Orte in Radiästhesie und Geobiologie. Dies mag verwirrend erscheinen: Auf der einen Seite findet man – wie noch gezeigt werden wird – z. B. häufig Wasseradern unter zentralen sakralen Plätzen, auf der anderen Seite heißt es, der Aufenthalt über Wasseradern würde den Menschen schädigen. Wie ist dies zu verstehen? Ist eine Wasserader nun gut oder schlecht? Allein die Fragestellung zeugt von einer gewissen geistigen Grundhaltung: der dualistischen Weltsicht.

Die Antwort mag vielleicht eine Legende aus Bayern geben:

Auf einer Wiese nahe einem Gehöft stand einstmals eine alte Kapelle. Sie war über die Jahre fast vergessen worden und schon lange nicht mehr in Gebrauch. Da kam es dem Bauern, der Eigentümer der Wiese war, in den Sinn, den geweihten Raum als Stall zu nutzen, und alsbald hatte er Altar und Bänke entfernt und den Raum mit Stroh gefüllt. Glücklich wurde der Bauer damit allerdings nicht, denn bald schon wurde sein Vieh krank und gab keine Milch mehr. Da besann sich der Bauer, holte das Vieh aus der Kapelle, tat Buße und setzte den Altar wieder ein, worauf es dem Vieh bald besser ging.

Was hier als Strafe Gottes für eine frevelnde Tat erscheint, ist möglicherweise nur die Wirkung des Ortes, die, falsch oder zu lange genutzt, zu Krankheiten führen kann, richtig eingesetzt aber den Menschen auf die Begegnung mit dem Göttlichen vorbereiten soll oder ihn auch heilt – die Dosis macht das Gift! Während der Zeit der Industrialisierung erkrankten viele Kinder, weil sie in dunklen, kaum von direktem Sonnenlicht beschienenen Räumen ihr Leben fristen mußten. Heute werden in Urlaubszeiten viele Touristen mit Verbrennungen in Krankenhäuser eingeliefert, weil sie unnötig lange ungeschützt am Strand in der Sonne liegen! Ist die Sonne nun ein gutes oder böses Gestirn?

Die Erde weist eine Menge unterschiedlicher Orte mit diversen Kräften auf. Der eine mag ein Ort der Heilung sein, der andere ein Ort der Wandlung; wieder einer zum Wohnen und ein letzter ein Ort des Feierns. Nutzen wir die Qualität des Ortes in der ihm gemäßen und maßvollen Weise zur richtigen Zeit, so sind wir im Einklang mit der Erde und der Natur. Negative, geopathogene Orte gehören nicht entstört, sondern gemieden. Sie haben ihre spezifische Aufgabe im Wirkzusammenhang eines lebendigen Ganzen.

Damit sind wir bei der Frage angelangt, wie die Qualität eines Ortes erkannt und eingeordnet werden kann oder umgekehrt: wie ein Ort mit spezifischer Qualität gefunden werden kann. Die theoretische Antwort dazu wurde mit der Beschreibung der Methoden der Geomantie bereits gegeben, die praktische soll Inhalt des nun folgenden Hauptteils werden.

Die physische Ebene des Ortes

Wir haben die Landschaft mit dem Gesicht der Erde verglichen, in dem wir lesen können. Allein durch die Betrachtung des Gesichtes konnten wir Aussagen treffen über Typ, Gesundheitszustand, sozialen Status, aber auch Charakter und geistiges Wesen. Bleiben wir zunächst bei dem, was uns das Gesicht über die körperliche Seite verrät.

So wie uns ein Foto oder Porträt dazu bereits dienlich sein kann, so kann uns eine Landkarte viel über den Erd-Körper sagen.

Was Landkarten erzählen

Sie suchen einen Ort der Kraft, einen Kultplatz, einen Wallfahrtsort? Kein Problem! Dazu benötigen Sie keinen Kultplatzführer. Betrachten Sie sich doch einfach einmal eine Landkarte. Eine Autokarte (Maßstab 1 : 200 000) weist in der Regel bereits auf solche besonderen Orte hin. Oft sind alte, sehenswerte Kirchen durch farbige Hinterlegung (meist ein roter Kreis) hervorgehoben, oft sogar mit Namen versehen (St. Wolfgang, St. Michael). Auch Burgen und Burgruinen sind in diesem Maßstab bereits verzeichnet. Größere vorchristliche Stätten von touristischem Wert, wie z. B. die Externsteine zwischen Detmold und Paderborn, finden Sie ohne große Probleme. Da solche Autokarten, wie z. B. ADAC-Karten oder die Shell-General-Karten, für die touristische Nutzung bearbeitet sind, sind sie für den ersten Eindruck wichtige Informationsquellen. Auf einen Blick entdecken Sie, welche Kirchen des betrachteten Landschaftsausschnittes älter als hundert Jahre sind, ob es sich dabei um Wallfahrtskirchen handelt (also um Plätze, an denen bereits andere Menschen eine gewisse geistige Präsenz verspürten) und ggf. sogar, welche Besonderheit die Kirche birgt (Heiligengrab, kostbare Reliquie, wichtiges Kunstwerk wie Madonnenbild).

Daneben geben Ihnen andere Symbole Auskunft über besonders hohe Berge (mit Höhenangaben) oder über hervorragende Aussichtspunkte. Bedenken Sie einfach: Was hier verzeichnet ist, ist in der Regel für viele Menschen von Interesse, was ein guter Indikator eines besonderen Platzes sein kann. Wenden wir uns dann detaillierteren Karten zu, kann dieser vorher gegebene Überblick hilfreiche Hintergrundinformationen liefern. Für Detailstudien nutzt man am besten topographische Karten im Maßstab 1:50 000 oder 1:25 000. Für die nähere Umgebung erhalten Sie sie in der Regel in jeder Buchhandlung oder Sie können sie bei den Landesvermessungsämtern bestellen. Das besorgt auch die Buchhandlung für Sie, wenn Sie die Kartennummer kennen. Legen Sie eine solche topographische Karte zunächst vor sich auf den Tisch. Vielleicht kleben sie auch mehrere Karten zusammen, damit Sie einen besseren Überblick haben. Betrachten Sie einfach einmal die Karte vor sich. Sie erinnern sich? Geomantie ist ein Spiel! Sie sehen nun die Landschaft aus der Vogelperspektive, Sie erkennen bebaute Flächen, Grünland, Wälder, Hügel und Berge, Täler und Seen. Fliegen Sie über die Landschaft hinweg und nehmen Sie sie in sich auf. Ein solches Vorgehen wird uns bei der Interpretation der Ätherebene noch wichtig werden.

Sie erkennen nun oft, wie sich Städte entwickelt haben. Wo ihr Kern und wo ihr Ausbreitungsraum liegt. Topographische Karten sind wahre Schatzkarten, und sie liegen für Mitteleuropa flächendeckend vor! Alles, ja wirklich alles ist hier verzeichnet! Sehen Sie sich die Karten-Legende an: Gebäude, Kirchen, Kapellen, steinzeitliche Menhire, Hügelgräber, Höhlen, Quellen, Keltenschanzen, Friedhöfe, große einzeln stehende Bäume, Naturdenkmäler, Schlösser, Burgen, trigonometrische Punkte, Denkmäler und vieles mehr. Es sind lauter Orte, die für die geomantische Analyse bedeutsam sind, ja vielleicht sogar die Kraftorte des Landes darstellen. Die Symbole dazu schwanken je nach

Land, sind aber nach einiger Übung leicht im Gedächtnis zu behalten und wiederzuerkennen. Kirchen sind zumeist als Kreuze oder Kreise mit aufgesetztem Kreuz gekennzeichnet, Höhlen mit dem griechischen Buchstaben Omega (Ω), Hügelgräber durch sternförmige kleine Linien.

Die Segnungen des Internets haben es mit sich gebracht, daß die Kartenfülle ungleich größer ist wie noch vor einigen Jahren. »Google-Earth« bietet Luftaufnahmen aus beinahe allen Regionen der Erde, die noch dazu mit zahlreichen weitergehenden Informationen versehen sind. So kann man durch einen Klick auf Kultorte wie Stonehenge, Avebury, zahlreiche Wallfahrtsorte und dergleichen mehr, den Ort auch aus den unterschiedlichsten Perspektiven erleben, erfährt etwas über die Geschichte oder ggf. sogar »Eintrittszeiten«.

Orts- und Flurnamen

Damit ist der Informationsgehalt der Karten noch nicht erschöpft. Sie erkennen hier eine Fülle von Orts- und Flurnamen, die Ihnen für die Interpretation der ätherischen und geistigen Ebene nützlich werden können. Eine Untersuchung von mir im Raum München ergab, daß 60 - 80 % aller Flurnamen direkt oder indirekt einen spirituellen Bezug haben.

Eindeutig sind noch Namen wie Kirchberg, Heiligengrund, St. Georgs-Felsen, Himmelreich. Schwieriger ist die Interpretation von Namen, die direkt oder indirekt als Verballhornung aus älteren Sprachen stammen. »Toter Mann« z. B. hat oftmals nichts mit einem Gestorbenen zu tun. Dies ist einsichtig, wenn man bedenkt, wie häufig Menschen gewaltsam oder natürlich aus dem Leben scheiden. Würden diese Menschen flurnamenprägend sein, so könnten wir uns vor Leichensteinen oder Totenfurten nicht mehr retten. Inge Resch-Rauter weist darauf hin, daß der Flurname »Toter Mann« von dem keltischen »tota magos« abgeleitet ist und heilige Versammlungsplätze (germ. »thing«) bezeichnet. Die Übersicht 1 gibt Ihnen Anhaltspunkte zur geomantischen Interpretation solcher Ortsnamen, die im wesentlichen dem Buch »Unser keltisches Erbe« von Inge Resch-Rauter entstammen und von mir ergänzt wurden.

Übersicht I:
Geomantische Interpretation von Orts- und Flurnamen*

Asperg, Asparn	Keltische Opferplätze (kelt. aisos)
Alten-, Ot-, Ott-	Hoch, erhaben, heilig (kelt. alto)
Bel-, Bell-, Bai-, Ball-	Belenus geweiht (kelt. Gott)
Boden-, Potten-	Todesgöttin (kelt. bodh/bodb)
Brig-, Breg-, Brigel-	Brigitt geweiht (kelt. Göttin)
Burbet, Worms (Borbeto-Magos)	Aspekt der Göttin Borbeth, s. auch Übersicht 13
Donners-	Donar geweiht (germ. Gott, auch: Thor)
Dras-, Dros-, Tros-, Traus-	Hohepriester (kelt. drasidae = Druiden)
Esel-, Eisel-, Hessel-, Isl-	Gott der Unterwelt (kelt. Esus)
Eule-, Eulen-	Heiliger Hain (germ. alah)
Farn-, Faden-, Fahn-	Heiligtum (lat. fanum)
Geis-, Gais-, Ges-, Gös-, Gois-, Gelsen-	Tabu- oder Schicksalsort (kelt. geis/ges)
Hasel-, Has-	Keltischer Opferplatz (altirisch, kelt. oes)
Kreit-, Kreut-, Greid-	Feuerzeichen (slaw. krada)
Leb-, Leber-, Klee-	Grabhügel/Grenzhügel (mhdtsch. le)
Lichten-, Licht-, Liecht-	Heiliger Stein (kelt. licus/licca)
Luzen-, Lucen-, Luzern, Litzen-	Licht (lat. lux/kelt. loucos)
Lyon, Laon-, Leon-, Leiden, Lüg-	Lug geweiht (kelt. Gott, s. auch Übersicht 13)
Mal-, Mais-, Mail-, Mell-	Gerichtsplatz (indogerm. mal/mel)
Nempto-, Nemet-, Nemt-	Heiliger Ort, Mitte (kelt. nemeton)
Oden-, Aden-	Odin geweiht (germ. Gott)
Offen-, Oppen-, Afen-, Affen-	Opferplatz (kelt. offerende)

Oppen-	Keltenstadt (lat. oppidum)
Sal-, Saal-, Salve-, Salige	Heil, heilig (lat. salus/kelt. salvos)
Sul-, Suhl-, Sol-, Soll-	Göttin Sul (keltische Göttin) oder Gott Sol (röm. Sonnengott) geweiht
Tag-	Dagda geweiht (kelt. Gott, Allvater)
Teuten-, Toten-, Tauten-	Teutates geweiht (kelt. Teutates, s. auch Übersicht 13)
Tier-, Dier-, Dien-	Tyr geweiht (germ. Kriegsgott, vgl. auch Dienstag = Marstag)
Toter Mann	Versammlungsplatz (kelt. teuto/tota magos)
Vill-, Fill-, Viel-	Seher(in), Prophet(in) (kelt. veles)
Vöck-, Vock-, Falken-	Opferherd im Tempel (lat. focus)
Vogel-, Fogi-, Focki-, Feigl-	Feuerzeichen (heiliger Berg; vulgärlat. facula)
Wil-, Will-, Willern-, Willers-	Aspekt der Göttin Wilbeth, (s. auch Übersicht 13)
Witt-, Witz-, Wid-, Weiz-	Weise, wissend (kelt uid)
Zell	Heiligtum (kelt celli/lat. cella)

* Nach Inge Resch-Rauter: *Unser keltisches Erbe. Flurnamen, Sagen, Märchen und Brauchtum als Brücken in die Vergangenheit.* Eigenverlag, Wien 1992, stark überarbeitet und erweitert.

Sonderkarten

Es gibt eine Fülle von weiterem Kartenmaterial, das in der Regel frei zugänglich ist: Zur detaillierteren Flurnamenanalyse erhält man bei den Vermessungsämtern so genannte Flurkarten (Maßstab 1 : 5.000), die auch Namen kleinerer Flurstücke enthalten.

Interessant für die geomantische Analyse kann ferner eine geologische Karte sein. Sie ist in der Regel erhältlich bei geologischen Landesämtern oder Vermessungsämtern. Die geologische Karte zeigt Ihnen ein völlig anderes Bild der Landschaft, nämlich das unter dem Boden. Geologische Karten geben detaillierte Auskunft über die genaue, von Geologen gemessene Lage tektonischer Verwerfungen, Quarzbänder. Diese eher linear verlaufenden Phänomene haben überraschend häufig einen Bezug zu sakralen Stätten (s. Abb 6). Aber auch die Angabe des vorherrschenden Gesteins ist von besonderem Interesse. Zonen, an denen das Gestein wechselt, sind Übergangszonen verschiedener Energien. Wie bei der Dämmerung (Licht und Dunkelheit) ergibt sich daraus nicht einfach eine Mischung, sondern etwas einzigartig Neues mit eigener Qualität.

Das Gestein selbst wiederum kann ebenfalls zur Ortsinterpretation herangezogen werden. Wie oben bereits beschrieben, korrelieren in Südengland und der Bretagne Gebiete mit hohem Granitanteil mit den Gebieten mit einer hohen Dichte prähistorischer Kultstätten. Granit, als stark radioaktives Gestein, verleiht dazu eine besondere Energiequalität. Basalt wiederum hat höhere magnetische Eigenschaften als viele andere Gesteine (z. B. Sedimentgestein), was Auswirkungen auf die menschliche Psyche hat. So gab es in der Wissenschaftsdisziplin der sogenannten Religionsgeographie einen häufig auftauchenden Satz, der lautete: »Basalt macht fromm.«

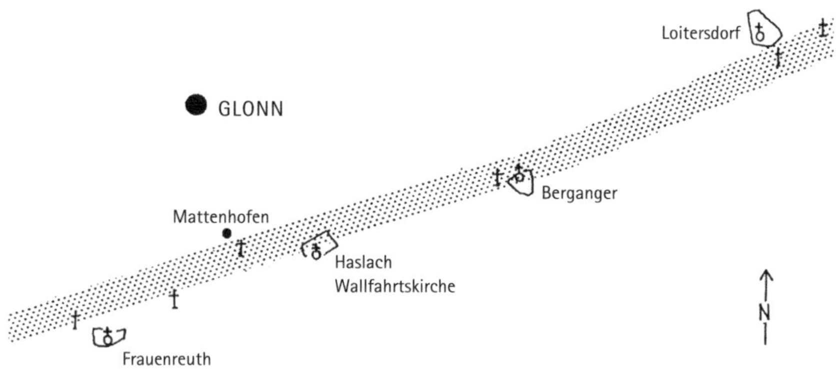

Abb. 6: Zusammenhang von geologischer Verwerfung und kultisch genutzten Orten (Feldkreuze, Kirchen) im Raum Glonn bei München

Michael Gienger, einer der wesentlichen Vertreter der so genannten Analytischen Steinheilkunde (einer Schule, die die therapeutische Wirkung von Steinen aus ihrer Entstehung, Zusammensetzung und Farbe zu erklären versucht), ist mit seinem Buch »Die Steinheilkunde« ein wahrer Meilenstein solcher Interpretationsmöglichkeiten geglückt. Gienger schildert nicht nur die Heilwirkung von Edelsteinen, sondern ebenso die psychische Wirksamkeit der drei Entstehungstypen.

Wie Michael Gienger erläutert, wirken die drei Gesteinsentstehungstypen – primäre, sekundäre und tertiäre Entstehungsweise – auf ganz spezifische Weise auf die Menschen ein, die auf ihnen leben: Beim primären Bildungsprinzip kommt es zu Gesteinsbildungen aufgrund von Abkühlung und Erstarrung magmatischer Flüssigkeiten, d. h. das innere Potential (Stoffe, die in der Magma-Masse enthalten sind) wird durch Außenfaktoren (Druck, Hitze) variiert, und so werden unterschiedliche Gesteine gebildet. Dieser Entstehungsvorgang wirkt nun gesteinsimmanent auf unsere Psyche, d. h. Menschen, die auf Primärgestein (z. B. Basalt, Granit) leben, werden darin unterstützt, ihr seelisches Potential zu entwickeln. Da dieses innere Potential unsere Wesensidentität oder Aufgabe darstellt, repräsentiert seine Entwicklung unseren spirituellen Weg. Vielleicht ist dies eine Erklärung für das Axiom, Basalt mache fromm.

Sedimentgesteine (Sekundärgestein), wie z. B. Sandstein, Gips, Kalkstein dagegen entstehen dadurch, daß festes Gestein über Erosionsprozesse quasi zermahlen wird, um anschließend wieder zu sedimentieren (= sich abzusetzen, abzulagern) und neue Gesteinstypen zu bilden. Ebenso ist ihre seelische Wirksamkeit: Erstarrte seelische Prägungen werden gelöst (erodieren), und wir können gemachte Erfahrungen von neuen Blickwinkeln betrachten.

Tertiärgesteine (Metamorphite) schließlich sind Gesteine, die aus Sediment- oder Primärgesteinen über Umwandlungsprozesse (z. B. mittels Druck und Hitze) entstehen. Die im Gestein enthaltenen Kristalle beginnen sich zu ordnen und neu auszurichten. Tertiärgesteine (Marmor, Gneis, Schiefer) prüfen uns daher auf unsere Beständigkeit: Was nicht dauerhaft und stabil ist, wandelt sich. Wir erkennen hier leichter Einstellungen und Handlungsweisen an uns, die nicht mehr zeitgemäß und unserer Fortentwicklung nicht mehr nützlich sind. Auf diese Weise können über den Untergrund unseres Wohnortes Rückschlüsse auf dessen seelische Qualität gemacht werden.

Des weiteren helfen uns z. B. phänomenologische Karten, die ebenfalls seelisch wirksamen Klimawirkungen zu verstehen, indem sie angeben, welche Pflanzen wann und wo in Blüte gehen.

Zuletzt sei noch auf Vegetationskarten (z. B. potentiell natürliche Vegetation) verwiesen, die uns in Kenntnis der ätherischen Wirksamkeit der Pflanzen (siehe das Kapitel *Bäume als Kraftpumpen* und *Die ätherische Kraft der Kräuter und Stauden*) einiges über diese Ebene der Landschaft aussagen können.

Sekundäre Hilfen

Für die Kartenarbeit als sekundäre Hilfen sind ebenso zu empfehlen: Führer zu Naturdenkmälern wie großen alten Bäumen oder besonderen Steinformationen. Beide geben uns Hinweise auf besondere Naturplätze.

Archäologische Führer dagegen führen uns auch an Plätze, die nicht unbedingt in Karten verzeichnet sind, da sie z. B. vom Boden aus überhaupt nicht mehr wahrgenommen werden können. Oft können aber mittels der Luftbildarchäologie Kraftplätze (und andere archäologisch interessante Plätze) identifiziert werden. Diese sind dann in archäologischen Führern und Karten beschrieben. Wie bei den Flurnamen sollten Sie aber nicht alle Namen unbesehen für bare Münze nehmen! Ein beliebtes Deckwort in der Archäologie ist z. B. »Depot«. Leider herrscht in archäologischen Kreisen eine gewisse Angst vor allem Kultischen. Dies liegt zum einen in der deutschen Geschichte begründet, in der in den 1930er Jahren jeder römische Steinbruch zur germanischen Sonnenkultstätte erklärt wurde, zum anderen aber auch in den modernen New-Age-Aktivitäten, die aus einfachen mittelalterlichen Burgruinen schamanische Einweihungsstätten werden lassen. Daher hat es sich die Archäologie angewöhnt, gefundene Ansammlungen von Schwertern, Münzen und Kunstgegenständen in Führern und Karten schlicht als Depots einzutragen. Wie mir ein Archäologe des Denkmalschutzamtes in München anvertraute, seien aber viele dieser Waffen-, Geld- und Skulpturniederlegungen Opfergaben an einer Kultstätte.

Übersicht 2:
Kraft- und Kultplatzführer für den deutschsprachigen Raum

Einige der bekanntesten »Kultplatzführer«:

Deutschland:

Benz, Doris + Schreger, Ben: *Geheimnisvolle Kultstätten im Dreieck Karlsruhe - Konstanz - Basel.* Verlag Freya, Unterweitersdorf 1997

Graichen, Gisela: *Das Kultplatzbuch. Ein Führer zu den alten Opferplätzen, Heiligtümern und Kultstätten in Deutschland.* Hoffmann und Campe, Hamburg 1990. Neuauflage: Bechtermünz, Augsburg 1997.

Kroell, Roland: *Magischer Schwarzwald und Vogesen. Wanderungen zu Orten der Kraft.* AT, Baden und München 2004

ders: *Magische Nordvogesen.* Neue Erde, Saarbrücken 2006

Landeck, Horst-Dieter: *Steine Gräber Kultplätze. Ein Reisebegleiter zu mystischen Orten im nördlichen Schleswig-Holstein.* Boyens Buchverlag, 2003

Landspurg, Adolphe: *Orte der Kraft. Schwarzwald und Vogesen.* Edition DNA, Straßburg 1994

Luczyn, David: *Magisch Reisen – Deutschland.* Goldmann , München 2001

Preiss, Horst: *Orte der Kraft in Deutschland.* AT, Baden und München 2001

Strauss, H. + P. F.: *Heilige Quellen zwischen Donau, Lech und Salzach.* Hugendubel, München 1987

Weidner, Christopher A.: *Orte der Kraft. Magische Plätze in Deutschland.* Heyne 2007

Werkmeister, Hans: *Orte der Kraft in Hildesheim und Umgebung.* Verlag Jörg Lühmann, 2005

Werkmeister, Hans: *Orte der Kraft in der Stadt Rotenburg an der Fulda und näherer Umgebung.* Verlag Jörg Lühmann, 2005

Österreich:

Cerny, Christine: *Magisch Reisen – Österreich. Lebendiges Brauchtum und alte Kultplätze.* Goldmann, München 1992

Hirsch, S. + Ruzicke, W.: *Heilige Quellen in Oberösterreich.* Verlag Freya, 2003

Jantsch, Franz: *Kultplätze – Im Land um Wien.* Verlag Freya, Unterweitersdorf 1993

Jantsch, Franz: *Kultplätze – Im Land Steiermark.* Verlag Freya, Unterweitersdorf 1994

Jantsch, Franz: *Kultplätze – Im Land Oberösterreich + Salzburg.* Verlag Freya, Unterweitersdorf 1994

Jantsch, Franz: *Kultplätze – Im Land Kärnten.* Verlag Freya, Unterweitersdorf 1995

Jantsch, Franz: *Kultplätze – Im Land der Berge Tirol + Vorarlberg.* Verlag Freya, Unterweitersdorf 1995

Jantsch, Franz: *Kultplätze – Im Land Kärnten.* Verlag Freya, Unterweitersdorf 1995

Leutgeb, Rupert: *Mystische Stätten des Waldviertels. Rätselhaftes – Geheimnisvolles – Unerklärliches.* Edition Nordwald, Zwettl 2001

Leutgeb, Rupert: *Mystisches Österreich. Das Waldviertel.* Verlag R. Leutgeb, Zwettl 2003

Leutgeb, Rupert: *Heilige Quellen, Opfersteine, Schutzgeister.* Edition Nordwald, Zwettl 2001

Schweiz:

Derungs, Kurt (Hg.): *Mythologische Landschaft Schweiz.* amalia, Bern 1997

Derungs, Kurt (Hg.): *Mythen und Kultplätze im Drei-Seen-Land.* amalia, Bern 2002

Derungs, Kurt: *Magisch Reisen Bern. Sagenhaftes Wandern zu Kultsteinen vom Jura bis zum Berner Oberland.* amalia, Bern 2003

Derungs, K. und Schlatter, C.: *Quellen Kulte Zauberberge. Landschaftsmythologie der Ostschweiz und Vorarlbergs.* amalia, Grenchen 2005

Derungs, Isabelle und Kurt: *Magische Stätten der Heilkraft. Marienorte mythologisch neu entdeckt. Quellen, Steine, Bäume.* Pflanzen, amalia, Grenchen 2006

Good, Elmar: *Magische Ostschweiz. Wanderungen zu Orten der Kraft in den Kantonen Appenzell, St.Gallen und Glarus.* AT, Baden und München 2006

Good, Elmar: *Magisches Tessin. Wanderungen zu Orten der Kraft.* AT, Baden und München 2007

Hänni, Pier: *Magisches Berner Oberland. Wanderungen zu Orten der Kraft.* AT, Baden und München 2002

Hänni, Pier: *Magisches Bernbiet. Wanderungen zu Orten der Kraft im Emmental, Schwarzburgerland, Seeland und Mittelland.* AT, Baden und München 2003

Hänni, Pier: *Quellen der Kraft.* AT, Baden und München 2004

Hänni, Pier: *Magisches Graubünden. Wanderungen zu Orten der Kraft.* AT, Baden und München 2005

Hänni, Pier et. al: *Magische Schweiz. Wanderungen zu Orten der Kraft.* AT, Baden und München 2007

Hutzel-Ronge, Barbara: *Magisches Zürich. Wanderungen zu Orten der Kraft. Stadt und Kanton.* AT, Baden und München 2006

Merz; Blanche: *Orte der Kraft in der Schweiz.* AT, Baden und München 1998

Rüttimann, Charles A.: *Magische Zentralschweiz. Wanderungen zu Orten der Kraft.* AT, Baden und München 2005

Schumacher, Yves: *Steinkultbuch Schweiz. Ein Führer zu Kultsteinen und Steinkulten.* amalia Bern 1998

In die Landschaft...

Bewegen wir uns nun aus der Vogelperspektive in die Landschaft hinein. Das gestiegene Umweltbewußtsein hat es mit sich gebracht, daß unser Auge bereits sehr gut für die ökologische Wahrnehmung geschult ist, wenn auch nicht jeder das Baumsterben bereits in den Anfangsstadien erkennen kann. Wie beim Menschen können wir davon ausgehen, daß schwere physische Schädigungen einer Krankheit ihr Äquivalent auf der energetischen und geistigen Ebene haben.

Ist es Ihnen noch nie aufgefallen, daß Sie immer dann eine Krankheit erwischt, wenn Sie sie am wenigsten brauchen oder zu brauchen meinen? In Phasen großer geistiger und seelischer Belastung macht auch der Körper schnell schlapp; ob wir dies nun als kausale Wirkung einer geschwächten Innenwelt sehen oder als Zeichen und Sprache des Körpers, sei dahingestellt. Ebenso verhält es sich in der Natur. Ökologisch schwer geschädigte Orte erkranken auch auf der seelisch-energetischen und leiden auf der geistigen Ebene. Umgekehrt können ökologisch intakte Plätze in gewissem Umfang etwas Positives über die energetische Seite aussagen. Dennoch kann es sein, daß auch hier eine energetische Störung vorliegt, diese aber durch Regelmechanismen sozusagen ausgeglichen wird, so daß sich die energetische Schädigung nicht bis auf die materielle Ebene auswirkt.

Physikalische Strahlungsphänomene

Es wurde bereits darauf hingewiesen, daß Pflanzen hervorragende Monitororganismen darstellen. Sie sind Indikatoren für unsichtbare energetische Einflußfaktoren. Allgemein gelten z. B. Brennessel, Mistel und Efeu als Strahlungssucher. Sie gedeihen also verhältnismäßig gut auf strahlenden Orten. Dagegen stellen Tanne, Fichte und Buche sowie die meisten Kulturpflanzen eher Strahlungsflüchter dar. Übersicht 3 gibt einen Überblick dazu:

Übersicht 3: Strahlungssucher – Strahlungsflüchter

Strahlungssucher

Brennessel	Johanniskraut	Distel	Tollkirsche
Breitwegerich	Mistel	Minze	Schierling
Fingerhut	allg. Heilkräuter	Efeu	Kamille
Schafgarbe	Buchsbaum	Klee (bedingt)	Farn
Weide	Wolfsmilch	Hahnenfuß	
Holunder	Huflattich	Gänseblümchen (bedingt)	
Frauenmantel	Spitzwegerich	Löwenzahn (bedingt)	

Strahlungsflüchter

Tanne	Fichte	Buche	Alpenveilchen

v. a. Kulturpflanzen wie:

Rose	Primel	Geranie	Senf
Birne	Hafer	Getreide	Gurke
Tomate	Pfirsich	Zwiebel	Sellerie
Mais	Apfel	Pflaume	

(Wobei Steinobst die Strahlung besser verträgt als Kernobst.)

Die Erde, auf der wir stehen, ist nicht homogen. Sie besteht aus den verschiedensten Schichtungen unterschiedlichsten Materials. Sie ist durchzogen von einem Netzwerk unterirdisch fließenden Wassers und durchdrungen von den verschiedensten Resonanzphänomenen.

Die wichtigsten dieser radiästhetisch auffindbaren Phänomene sowie ihre Auswirkung auf den Pflanzenwuchs sollen im folgenden kurz dargestellt werden.

Wasseradern

Unter Wasseradern versteht man unterirdisch gebündelt fließendes Wasser, quasi unterirdische Bäche, Flüsse und Ströme. Radiästhetisch sind Wasseradern im wesentlichen über die Frequenzen 33 cm (Ankündigungszone) und 27,5 cm (Schwerpunktzone) aufzufinden. Wie in Übung 1 gezeigt, entspricht diese Frequenz in oktavierter Form auch den Internodien wasserliebender Pflanzen, also z. B. der Weide. Die Pflanze bildet also die Resonanz mit der Abstrahlung des Wassers materiell ab. Beide Frequenzen (33 bzw. 27,5 cm) verhalten sich jedoch in ihrem Strahlungsverhalten grundverschieden. Während die Frequenz der Schwerpunktzonen mehr oder minder senkrecht zur Erdmitte den Boden verläßt, zeigt die Frequenz der Ankündigungszone eine vom Brechungsindex des Bodens abhängige und über ihn berechenbare schräge Strahlungscharakteristik. Uns soll hier als Grobwert genügen, daß sie den Boden etwa in einem Winkel von 45 Grad verläßt. Radiästhetisch läßt sich dies durch eine Begehung in unterschiedlichen Höhen nachweisen.

Übung 3: Spektroide

Begehen Sie das Gelände, auf dem Sie eine Wasserader vermuten, in normaler Gehhöhe geradlinig – wie in Übung 1 (S. 31) beschrieben – mit der Grifflänge 33 cm. Markieren Sie den Rutenausschlag am Boden. Begehen Sie dann dieselbe Begehungslinie erneut im so genannten Frosch-Schritt. Dazu begeben Sie sich in die Hocke und wandern möglichst entspannt noch einmal über den Bereich, an dem Sie Ihren ersten Ausschlag erhielten. Da Sie das Gelände nun in zwei unterschiedlichen Höhen mit der Frequenz 33 cm (Ankündigungszone) begangen haben, müßten Sie jeweils einen Rutenausschlag um einige Zentimeter versetzt erhalten haben. Dies zeigt Ihnen, in welchem Winkel die Frequenz 33 cm den Boden verläßt und in welcher Richtung die Schwerpunktzone oder Wasserader zu finden ist (s. Abb. 7).

Die Strahlungscharakteristik einer Wasserader stellt sich also dar wie in Abb. 7 schematisch dargestellt. Durch den Abstand der Ankündigungszone zur Schwerpunktzone der Wasserader können Sie über die sogenannte »Bischofsregel« sogar die Tiefen der Ader bestimmen:

»Entfernung von Ankündigungszone« zu Schwerpunktzone
= Tiefe der Ader.«

Diese Regel gibt bei Tiefen von bis zu ca. 60 Metern eine brauchbare Abschätzung, insofern es sich nicht um stark mineralhaltiges oder um Thermalwasser handelt, da hier die Strahlungscharakteristiken etwas verschoben sind.

Die spezifische Strahlungscharakteristik des Wassers wie in Abb. 7 dargestellt, nennt man eine Spektroide. Schickt man weißes Licht (in dem alle Frequenzen = Farben enthalten sind) durch ein Prisma, so wird es in seine verschiedenen Spektralfarben aufgefächert (Abb. 8). Es entsteht ein Regenbogen. Bei diesem Naturschauspiel wird die Funktion des Prismas durch Tausende von kleinsten Wassertröpfchen in der Luft übernommen. Nichts anderes macht auch eine Wasserader. Sie fächert das Frequenzbündel auf in die verschiedensten Frequenzen oder

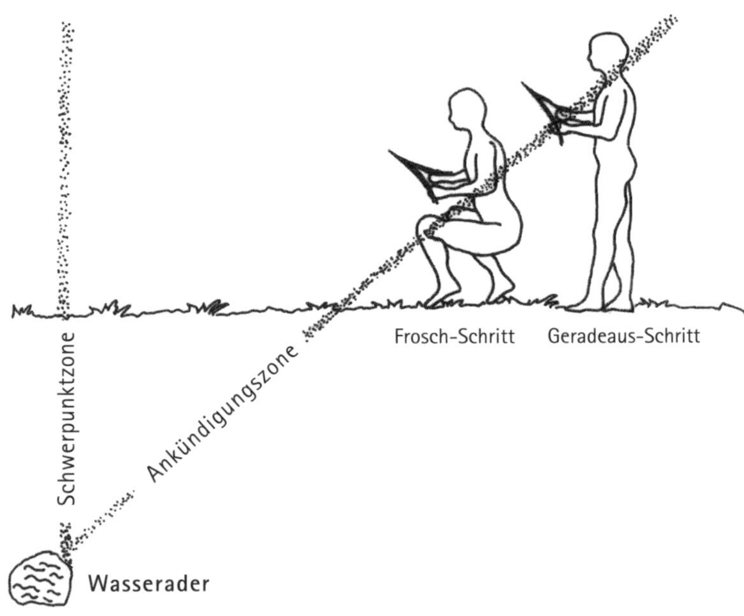

Abb. 7: Wasserader-Spektroide

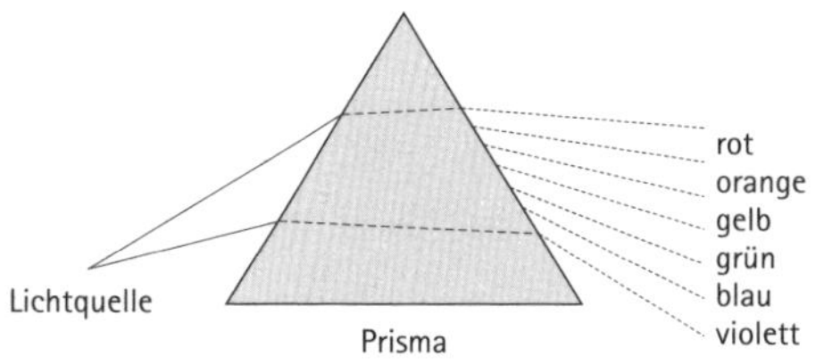

Abb. 8: Die Entstehung einer Farbspektroide an einem Prisma entspricht der Entstehung einer Frequenzspektroide an einer Wasserader.

Spektroide. Man darf sich also den Raum zwischen Ankündigungs- und Schwerpunktzone nicht als leer denken, sondern ebenfalls angefüllt mit den verschiedensten Frequenzen, die gleich unsichtbaren Regenbogenfarben aus dem Boden kommen. Der Radiästhet und Künstler Peter F. Strauss fand heraus, daß diese verschiedenen Frequenzen (Spektralfarben) mit den unterschiedlichen Energiezentren unseres Körpers, die in Indien »Chakren« genannt werden, resonieren können. Interessant ist, daß in der indischen Mystik diesen Chakren bestimmte Farben zugesprochen werden, die mit den oktavierten Frequenzen der Wasseraderspektroiden übereinstimmen, die eine Wirkung auf das jeweilige Chakra zeigen.

An Bäumen zeigt uns vor allem das Phänomen des Zwiesels eine unterirdische Wasserader, ja sogar dessen Tiefe an. Bei einem Zwiesel gabelt sich der Hauptstamm des Baumes plötzlich in zwei Stämme. Charakteristisch für echte Zwiesel ist die oftmals rißartige Struktur in der Gabelung sowie die hier häufig auftretende Feuchte – durch starke Bemoosung offenbargemacht. Je höher dabei der Zwiesel ist, um so tiefer liegt die Ader (ungefähre Höhe x 8 = Tiefe). Die Pflanze bildet sozusagen mit ihren Stämmen die Frequenzen der Wasseraderspektroide nach, mit denen sie räsoniert (Abb. 9).

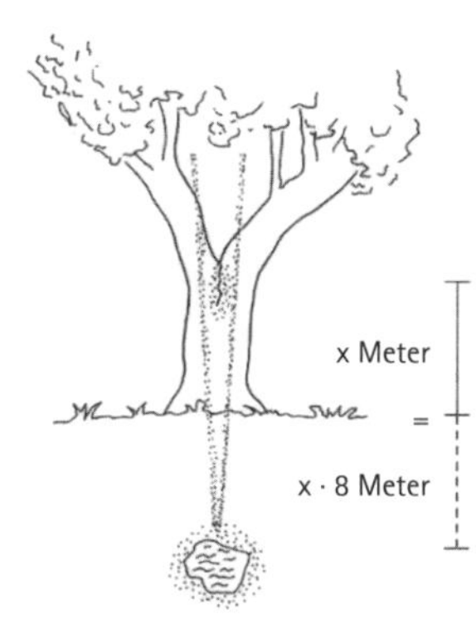

Abb. 9: Zwiesel.
Der Baum bildet mit den Stämmen die Wasseraderspektroide.

In der Geomantie ist Wasser der große Anreger. Er regt viele lebende Organismen und tote

Objekte zur Resonanz an. Dies wird verständlich, wenn man bedenkt, daß ein Mensch je nach Alter zu 60 - 80 % aus Wasser besteht. Er ist sozusagen ein Wasserwesen. Daher erklärt es sich auch, warum es ungünstig ist, fortwährend auf einer Wasserader zu schlafen; man befindet sich sozusagen in einem Feld der permanenten Anregung.

Wie oben beschrieben, benötigen wir zwar solche Anregungen (wie das Sonnenlicht), eine zu heftige oder zu lang andauernde Anregung aber überreizt den Körper (Sonnenbrand). Umgekehrt ist eine solche Anregung aber auf sakralen Orten äußerst wünschenswert. Daher wurden Altäre und Opferstätten oft über unterirdisch fließendem Wasser errichtet (Abb.10). In Chartres und Türnich wurden sogar künstliche Kanäle errichtet, um das Wasser unter der Kirche durchzuführen. Falsch ist jedoch die Annahme, daß dies immer und ausschließlich in dieser Form geschah. Wir erinnern uns an die Spektroide: Auch diese stellen Zonen der Anregung (Resonanz) dar. Nur entsprechen die Frequenzen nicht dem weißen Sonnenlicht (Schwerpunkt der Wasserader), sondern spezifischen Farben!

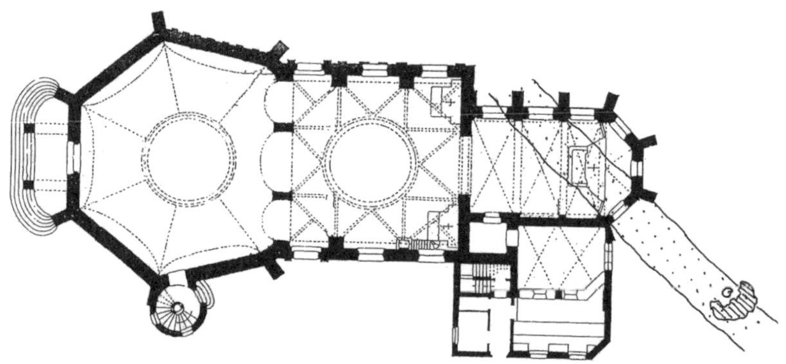

Abb. 10: Die Wasserader unter der Wallfahrtskirche Maria Thalkirchen (München) verbindet den Altar mit der außerhalb liegenden »Lourdes- Grotte«.

Wie Peter F. Strauss aufzeigte, führen daher häufig Wasseradern (meist besonders tiefliegendes Wasser) an den eigentlichen sakralen Orten oder geomantischen Stätten vorbei. Nicht etwa wegen der Unwissenheit der Erbauer, sondern wegen des genauen Gegenteils: Hier wurden bewußt nur bestimmte Frequenzen (Farbspektren) für die Anregung des sakralen Ortes genutzt, die die Schwerpunktzone der eigentlichen Wasserader seitlich begleiten.

Eine Besonderheit dieser Nutzung ist die Flußschlaufe bzw. der Wasseradermäander: Häufig ist festzustellen, daß besondere Orte innerhalb solcher Flußschlaufen liegen (z.B. Kloster Weltenburg an der Donau, das Megalith-Bauwerk Newgrange in Irland, die Frauenkirche in Wasserburg). Wie Robert Endrös feststellte, verhält es sich bei unterirdisch fließendem Wasser oft nicht anders. Er fand die folgenden geomantisch interessanten Orte jeweils im Zentrum eines solchen Mäanders: Dom in Freising, Schloß Lustheim in Oberschleißheim bei München, Herrenchiemsee u.a. Bedenkt man die Wirkung der Spektroiden, so erkennt man, daß hier Orte gewählt wurden, an denen bestimmte Frequenzen kulminieren und so starke Strahlenzentren bilden. Hinzu kommt noch, daß durch die annähernd kreisförmige Struktur der Wassermäander physikalisch resonanzfähige offene Schwingkreise gebildet werden.

Abb. 11: Kloster Weltenburg an der Donau liegt inmitten eines Mäanders

Eine weitere Sonderform der geomantischen Nutzung des Wassers ist die sogenannte »blind spring«. Dabei handelt es sich um eine blinde Quelle, also Wasser, das unter artesischem Druck aus der Tiefe nach oben befördert wird, die Erdoberfläche aber nicht erreicht, sondern an einer sperrenden Schicht abfließt. Wie die Kreuzungsphänomene (s.u.) stellt die »blind spring« ein besonderes Phänomen von hoher potentieller Kraft dar und ist deshalb häufig auch an Wallfahrtsorten anzutreffen.

Bei der Beurteilung einer Wasserader ist ferner die Polarisation zu berücksichtigen. Transversalwellen sind rechts oder links polarisiert. Theorien (z.B. von Prof. Eike Georg Hensch) bringen dies in Zusammenhang mit dem Elektronenspin (= Drehrichtung des Elektrons). Allgemein kann man sagen, daß rechtsdrehende Frequenzen körperlich aufbauend, linksdrehende dagegen körperlich abbauend sind. Bitte verfallen Sie dabei jedoch nicht wieder in ein wertendes Gut oder Böse, denn was würde aus unserer Natur ohne ihre Abbauprozesse?!

In der Regel finden Sie an sakralen Orten natürlich rechtspolarisierte Frequenzen. Wohl aber kann es vorkommen, daß – wie an bestimmten Stationen von christlichen Kreuzwegen – linkspolarisierte Frequenzen vorkommen. Diese haben die Aufgabe, den Menschen zu leeren, um ihn aufnahmefähig zu machen für die neue, dann folgende Kraft.

Übung 4: Spektroidresonanz

Suchen Sie sich im Gelände einen Baum mit nicht zu hoher Zwieselung. Stellen Sie sich in einiger Entfernung (je höher die Zwieselung, um so weiter entfernt!) – etwa 10 Meter – vom Baum entfernt mit dem Gesicht zum Baum, so daß Sie die Gabelung des Zwiesels nicht erkennen können, d. h. im rechten Winkel zur Fließrichtung der durch den Baum markierten Wasserader. Erinnern Sie sich: Die Zwieselung materialisiert die Spektroide einer Wasserader. Bereiten Sie sich vor wie in Übung 2 (Anwesenheit, S. 34) beschrieben (Haltung, Sammlung). Wenn Sie sich im Bauch gesammelt haben, anwesend sind, dehnen Sie langsam Ihre Aufmerksamkeit auf Ihren ganzen Körper aus. Bleiben Sie geistig wie körperlich völlig entspannt und halten Sie die Aufmerksamkeit möglichst gleichmäßig im ganzen Körper, ohne bestimmte Bereiche zu fixieren. Lassen Sie sich dafür einige Minuten Zeit.

Am besten erreichen Sie eine Ausdehnung Ihres Aufmerksamkeitsfeldes, indem Sie sich im Bauch sammeln (dort anwesend sind!). Atmen Sie tief ein, und während Sie ausatmen, dehnen Sie Ihre Aufmerksamkeit vom Dantien (Punkt unterhalb des Bauchnabels) in Ihren ganzen Körper hinein aus – so, als würden Sie Ihren Körper wie einen Luftballon aufblasen. Bewegen Sie sich nun langsam und aufmerksam auf den Baum zu. Achten Sie dabei genau darauf, wann welche Bereiche im Körper angesprochen werden (Druck, Wärme, Kühle, Kribbeln) und ob das Gefühl angenehm oder unangenehm ist. Bestimmen Sie selbst, wie lange Sie in jeder dieser Resonanzzonen bleiben wollen, ehe Sie weiter auf den

Baum zuschreiten. Wenn Sie am Stamm angekommen sind, ist in der Regel Ihr ganzer Körper (zumindest Rumpf und Kopf) einmal gefühlsmäßig in Resonanz gegangen und mit ihm Ihre Energiezentren (Chakren; Abb. 12).

Sammeln Sie sich zum Abschluß noch einmal im Bauch. Wenn Sie wollen, wiederholen Sie die Übung in umgekehrter Reihenfolge (vom Baum weggehend).

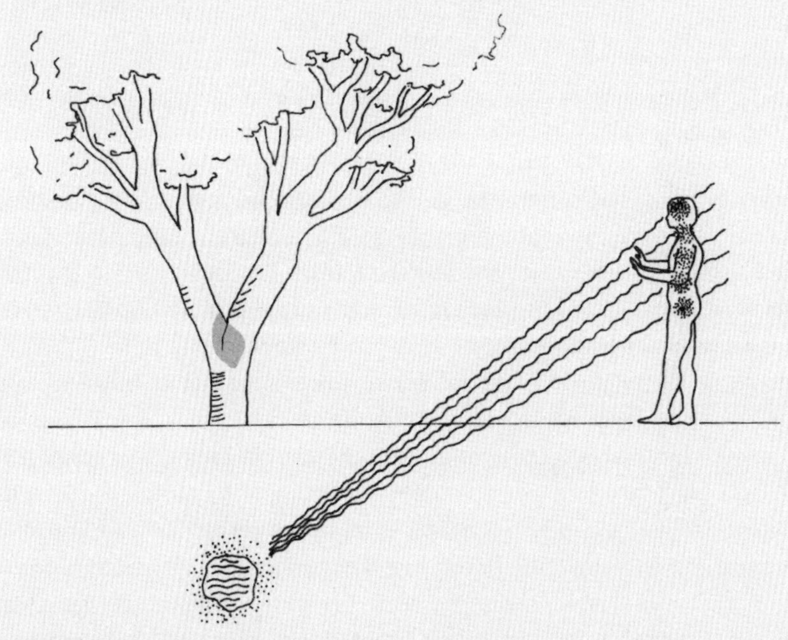

Abb. 12: Anregung der Chakren durch Spektroid-Resonanz

Geologische Verwerfung

Die Erdkruste weist eine Fülle von Schichtungen unterschiedlichen Gesteins auf. Solange diese Schichtungen ungestört und homogen verlaufen, treten keine Strahlungsanomalien auf. Bisweilen aber sind solche Schichten gegeneinander verschoben, so daß ein Bruch entsteht. Man spricht dann von einer »Verwerfung« oder einer »tektonischen

Abb. 13: Geologische Verwerfung

Störzone« (Abb. 13). Wir hatten schon gesehen, daß solche tektonischen Störzonen Phänomene von geomantischem Interesse darstellen können. Wie die Forschungen von Paul Devereux zeigten, korrelieren die Lagen prähistorischer Steinkreise häufig mit dem Verlauf größerer Verwerfungen. Hier können Lichterscheinungen (»earthquake lights«) zutagetreten oder radioaktive Gase (z. B. Radon) aus dem Erdinnern austreten. Gelegentlich stellen Verwerfungen auch mit bloßem Auge gut sichtbare landschaftsprägende Abbruchkanten dar. Radiästhetisch lassen sich Verwerfungen über die kennzeichnende Grifflänge 15,5 bzw. 31 cm feststellen. Sie erzeugen ähnlich den Wasseradern eine charakteristische Beugungsspektroide. Eine Besonderheit der geologischen Verwerfung ist dabei eine in der Regel asymmetrisch aufgebaute Strahlungsspektroide; d. h., während sich bei einer Wasserader im Querschnitt die Spektroidabfolge links und rechts gleichmäßig wiederholt, ist der Spektroidaufbau einer Verwerfung zumeist einseitig. Verwerfungen zeigen im Strahlungszentrum der Zone häufig eine besonders große Ballung der unterschiedlichsten Frequenzen, die so genannte »Multiwellenzone«. Die Komplexität des Strahlungsaufbaus erhöht sich gegenüber einer so genannten trockenen Verwerfung erheblich, wenn die Verwerfung spaltenwasserführend ist.

Charakteristisches Erkennungsmerkmal sind Bäume mit starken Verkrebsungen und Wasserreiserbildungen. Wie bei Wasseradern kommen hier sowohl rechts- wie linkszirkulare Polarisationen der Frequenzen vor. Während jedoch bei einer Wasserader meist alle Spektroide gleich polarisiert sind, kommen Spektroide mit unterschiedlichen Polarisationen bei Verwerfungen viel häufiger vor. Geomantisch werden daher bei geologischen Verwerfungen meist einzelne – weiter außerhalb liegende – Spektroide (mit rechtsdrehender Polarisation) genutzt. Deshalb finden sich z. B. Hügelgräber sehr häufig in der Nähe, selten aber auf geologischen Verwerfungen. Ebenso verhält es sich z. B. mit den in Irland bekannten Rundtürmen, die von mir ausnahmslos in der Nähe größerer geologischer Verwerfungen (Abstand vom Zentrum etwa fünf bis dreißig Meter) gefunden wurden.

Gitternetze

Eines der umstrittensten radiästhetisch auffindbaren Phänomene sind die sogenannten »Gitternetze«. Dabei handelt es sich um Reaktionszonen, die sich in regelmäßigen Abständen wiederholen und so ein zumeist rechtwinkliges Gitter über die Erde legen. Die bekanntesten beiden Gittersysteme sind das Hartmann- oder Globalgitter, dessen Reaktionszonen Nord-Süd und Ost-West verlaufen und das Curry- oder Diagonalgitter, welches in den Zwischenhimmelsrichtungen (also NW-SO und NO-SW) orientiert ist. In der Regel wird eine Maschenweite von zwei bis vier Metern angegeben.

Umstritten ist in Fachkreisen bislang, ob es sich um ein globales (also überall anzutreffendes) Phänomen handelt; ob die Maschenweite zu den Polen hin enger wird oder sich die Gitter mit selber Maschenweite an z. B. tektonischen Störzonen erneut wieder aufbauen; ob die einzelnen Zonen beweglich sind oder statisch; und vor allem, wie sie entstehen.

Ich möchte hier ungern das ganze Spektrum an Hypothesen und Theorien darlegen, das mit der Charakteristik des Gitternetzes verknüpft ist, deshalb – und dies sei mir vorab verziehen – gebe ich hier ausschließlich meine Meinung zum Phänomen wieder.

Ich halte die Gitternetze für ein globales Phänomen, das in Form von stehenden Wänden radiästhetisch auffindbar ist, also nicht die Strahlungscharakteristik einer Spektroide zeigt. Die Zonen des Global- und Diagonalgitters sind etwa 10 bis 20 cm breit und schwanken in ihrer Lage sowie Breite stark mit den Mondphasen, Sonnenfleckenaktivität und Wetter. Die meines Erachtens wahrscheinlichste Theorie zu ihrer Entstehung ist eine Resonanz des Erdkörpers (vermutlich mit planetaren und kosmischen Kräften), denn bei kymatischen Bildern, bzw. chladnischen Klangfiguren, lassen sich ähnliche Effekte erzielen: Träge flüssige Substanzen und feine Sande und Stäube auf Platten erzeugen, wenn der Behälter mit einer bestimmten Frequenz in Form von akustischen Tönen angeregt wird, stehende Wellen, die sowohl orthogonal als auch diagonal verlaufen (Abb. 14) – ähnlich dem Global- und Diagonalgitternetz.

Abb. 14: Gitter-Effekt bei einem kymatischen Bild

In ihrem Idealtypus wechseln sich die Polaritäten der einzelnen Zonen ab, so daß Kreuzungen neutralen Typs und links- und rechtsdrehende Kreuzungen entstehen. Die Bedeutung der Gitternetze, z. B. in der Geobiologie, wird meines Erachtens zumeist überschätzt. Meiner Erfahrung nach werden Kreuzungen der Gitternetze erst dann gesundheitlich relevant, wenn sie durch Wasseradern oder vor allem durch »technische Störer« zu hohen Intensitäten angeregt werden.

Neben den beiden genannten Gittersystemen existieren eine ganze Reihe anderer Gitternetze, die aufgrund von Resonanzen mit anderen Frequenzen entstehen und ganz unterschiedliche Formen annehmen können (z. B. Sechseckgitter). Bleiben wir aber bei den beiden bekanntesten. Die Theorie, daß es sich bei den Gitternetzen um ein Resonanzphänomen handelt, wird durch drei Tatsachen bestätigt: Erstens bilden sich – unabhängig von diesem System – in Räumen oft eigenständige Systeme aus (so genannte Raumgitter), die in ihrer Maschenweite mit den Maßen des Raumes bzw. des Gebäudes resonieren. Zweitens stehen die in der physikalischen Radiästhesie gebräuchlichen Grifflängen für das Global- und Diagonalgitter in einem Oktavverhältnis zu einigen

Erdfrequenzen, wie z.B. den Schumann-Wellen. Und drittens finden sich mit denselben Grifflängen oder oktavierten Formen davon Gitternetzsysteme mit derselben Ausrichtung, aber wesentlich geringerer oder größerer Maschenweite.

Das Globalgitter (Haupthimmelsrichtungen) ist mit der Grifflange 21,5 cm auffindbar und hat eine Maschenweite von etwa zwei Metern. Mit oktavierten Formen dieser Frequenz und höherer bzw. niedrigerer Intensität finden sich aber auch Maschenweiten von wenigen Millimetern oder mehreren Kilometern. Auf letztere wurden oft Schlösser und Burgen ausgerichtet, weshalb es auch als »Macht-« oder »Ordnungsgitter« bekannt ist. Ähnlich verhält es sich mit dem Diagonalgitter (24,5 cm Grifflänge); oktaviert man diese Wellenlänge immer wieder, so gelangt man schließlich in den Bereich des sichtbaren Lichtes. Die Frequenz des Diagonalgitters entspricht dabei der Farbe Grün. Es überrascht demnach nicht, daß dieses Gitter in seiner rechtszirkularen Polarität auch als »Lebenskraftlinie« oder »Wachstumslinie« bekannt ist. Entlang solcher Zonen stehen oft auffallend kräftige Bäume. Die Zonen der Maschenweiten höherer Ordnung (im Kilometer-Bereich!) kreuzen häufig Wallfahrtsstätten. Daher wird das Gitter mancherorts auch als »Sakralgitter« (im Gegensatz zum Machtgitter des Globalgittertyps) bezeichnet. Dies überrascht nicht, haben doch gerade Wallfahrtstätten mit Heilung und Lebenskraft zu tun.

Die Römer orientierten ihre Städte und Häuser wahlweise in das eine oder andere Gitter, ja selbst ihr Maß, der römische Fuß, schwingt, wie Oktavierungen zeigen, in der Resonanz des Lebenskraftgitters bzw. der Farbe Grün! Dennoch zeigt die Geomantie der Römer mit ihrer gewissen Strenge, daß sich der Mensch in der starken Orientierung am Gitterhaften hier auch geistig eingittert. Wie in meinem Buch »Landschaften der Seele« beschrieben, tritt die starke Orientierung an Gittersystemen sowie der Gestaltungsarchetyp des Rasters oder Gitters meist erst auf dem Höhepunkt einer Kultur auf, kurz bevor neue, befreiende geistige Prozesse durchbrechen!

In diesem Sinne hat der Erdheiler Marko Pogačnik recht, daß die Überbetonung der Gitternetzstrukturen heute, auf dem Sprung in eine neue Bewußtseinsebene, als beengend erfahren werden kann.

Kreuzungssysteme
Wie bereits oben erwähnt wurde, stellen Kreuzungssysteme Phänomene von großem geomantischen Interesse dar. Durch den so genannten Maser-Effekt (Maser = engl. Abkürzung: Micro Wave Amplification by Stimulated Emission of Radiation) und nach dem physikalischen Prinzip stehender Wellen bilden gleichpolarisierte Systeme derselben Frequenz vertikale Systeme mit Schwingungsknoten und Schwingungsbäuchen.

Einfacher ausgedrückt, erzeugen zwei sich kreuzende rechtsdrehende Zonen, z. B. des Globalgitters, eine stehende Säule auf derselben Frequenz. Ebenso verhält es sich mit zwei sich kreuzenden Wasseradern. Daher finden sich z. B. Altäre in Kirchen häufig über Wasserader-Kreuzungen. Das Strahlungsbild erhält hier deutlich eine dritte Dimension, die vor allem für den ätherischen und geistigen Bereich entscheidend wird (siehe das Kapitel *Vertikalphänomene*). An Bäumen erzeugen Kreuzungssysteme oftmals einen Drehwuchs. Dabei sieht die Borke des Baumes korkenzieherförmig gewunden aus. Vorsicht ist allerdings bei Bäumen wie der Kastanie angesagt, die von sich aus zum Drehwuchs neigt.

Über Kreuzungssystemen mit hohen Intensitäten kann es auch zu Krebsknotenbildung kommen. Dabei entspricht, wie Prof. Eike Georg Hensch aufzeigt, der Abstand der einzelnen Krebsknoten am Stamm den Abständen der Schwingungsbäuche des Kreuzungssystems (stehende Welle).

Das Phänomen der stehenden Welle über Kreuzungssystemen gibt uns nun eine weitere Erklärung für die Besonderheit von Brennpunkten der Wassermäander. Hier überlappen sich die Strahlungsspektroiden des fließenden Wassers und bilden ein Kreuzungssystem, das eine stehende Welle hervorruft. Wird diese vertikale Energiestruktur wie z. B. in Wasserburg am Inn durch den Turm der Frauenkirche baulich fixiert und diese in weitere Resonanz gebracht, so entsteht ein starkes vertikales Energiephänomen mit großer ätherischer Sogwirkung.

Pflanzen sprechen

Fassen wir noch einmal zusammen: Pflanzen weisen uns auch ohne radiästhetische Fertigkeit den Weg zu unsichtbaren Energiephänomenen.

Zwiesel weisen auf Wasseradern hin, die Höhe der Zwieselung gibt uns Hinweise auf die Tiefe der Ader. Wasserreiser und Verkrebsungen deuten meist auf geologische Verwerfungen hin, Reihen von kräftig wachsenden Pflanzen auf rechtsdrehende Zonen des Diagonalgitters. Bäume mit Drehwuchs oder Krebsgeschwüre in regelmäßigen Abständen am Stamm dagegen verweisen auf Kreuzungssysteme.

Eine ganze Reihe von weiteren Pflanzen gibt uns zusätzliche Hinweise. Der sogenannte Hexenbesen z.B. ist eine Wucherung in Form einer wilden Knotenbildung, aus der zahlreiche Triebe ohne eindeutige einheitliche Wuchsrichtung wachsen. Das Wuchsverhalten der Pflanzenzellen ist hier gestört, bzw. hyperaktiv, denn Hexenbesen treten vor allem im Bereich rechtsdrehender (organisch aufbauender) Frequenzen mit hoher Intensität auf. Ähnlich verhält es sich auch mit sonstigen Verwachsungen. Wenn Äste von Bäumen sich gabeln und nach einiger Zeit wieder miteinander verwachsen, bilden sie die merkwürdigsten Formen von Kreuzen, Kreisen und Mandorla-Formen bis hin zu symbolisch wirkenden Zeichen aus. Neben der radiästhetischen Ebene, bei der es sich auch hier meist um rechtszirkulare Strahlungen handelt, weisen derartige Verwachsungen in der Regel auf eine hohe Aktivität im ätherischen Bereich hin (siehe das Kapitel *Das Erkennen des Ätherischen Kraftortes*).

Auf dieser Ebene sind ebenso große, sehr kräftige alte Bäume wie 1000-jährige Eichen oder Linden zu bewerten, die über die Jahre einen hohlen Kern gebildet haben (Abb. 15). So gibt es das Phänomen

Abb. 15: Tanzlinde

der so genannten »Tanzlinden«. Dabei handelt es sich um sehr alte Exemplare ihrer Gattung, die zumeist auf bedeutungsvollen Plätzen in der Nähe von Kirchen, bei Herrschaftszentren (Schlösser) oder an dörflichen Mittelpunkten stehen. Ihre Äste wurden durch menschlichen Eingriff so getrimmt, daß sie in einer oder auch mehreren Ebenen horizontal wachsen und so Stützen für Podeste abgeben. Bei zentralen Dorffesten wurde hier traditionell in der Linde getanzt. Der Kern eines solchen Baumes aber ist in der Regel hohl. Dennoch strotzt er vor Kraft, und auch weitere Phänomene wie erwähnte Verwachsungen sind nicht unüblich. Das hohe Alter sowie der kräftige Wuchs und der hohle Kern weisen auf rechtszirkulare Strahlungen von hoher Intensität ebenso hin wie auf ätherische Wirkebenen (siehe das Kapitel *Vertikalphänomene*).

Bestimmte Pflanzenarten, die zumeist zu Unrecht als Parasiten verschrien sind, verweisen auf spezifische Strahlungsqualitäten. Der Efeu z. B. ist ein solcher Strahlungssucher, der insbesondere bei starkem Wuchs meist auf unterirdisch fließendes Wasser hindeutet. Aber auch auf Verwerfungen ist er anzutreffen. Nicht der Efeu aber ist es, der kausal auf seinen Trägerbaum, den Wirt, schädigend einwirkt und diesen eventuell zum mangelnden Wuchs veranlaßt, sondern die Strahlungsqualität. Efeu verträgt durchaus negative polarisierte Frequenzen von relativ hoher Intensität.

Auch die Mistel ist ein Indiz für einen gestörten Standort des Baumes. Sie hat jedoch nicht nur die Eigenschaft, diese Strahlung zu ertragen, sondern das Umfeld des Baumstandortes durch ihre Anwesenheit zu entstören; sie ist also kein Parasit, sondern ein Symbiont! Die Mistel erhält vom Baum Wasser und Nährstoffe, indem sie sich mit ihren Wurzeln an den Saftstrom des Baumes ankoppelt (Photosynthese betreibt sie selbst); dafür verbessert sie jedoch die Standortqualität des Baumes und verhilft ihrem Wirt so zu verlängertem Leben. Die Mistel gedeiht nur an den Bereichen des Baumes, der von einer gewissen Strahlungsqualität betroffen ist (Abb. 16). Den Druiden galt die Mistel als heilige Pflanze, die nicht den Boden berühren oder mit unedlen Metallen in Kontakt gebracht werden durfte (Entladung); viele Radiästheten nutzen die Mistel oder Teile von ihr noch heute zur Entstörung schädigender Strahlungen im Wohnbereich!

Oft treten Phänomene wie die beschriebenen (Schrägwuchs, Zwieselung, Mistelbildung) in Reihungen auf. Diese Reihungen geben uns Hinweise auf linear verlaufende Strahlungsquellen im Untergrund wie Wasseradern oder geologische Verwerfungen.

Abb. 16: Mistel auf einer Birke

In der heutigen Zeit sind neben den natürlichen Strahlungsquellen auch solche künstlicher Natur zu beachten. Das Erkennen solcher technischen Frequenzen wurde von Prof. Eike Georg Hensch und dem Mikrowellentechniker Ewald Kalteiß in Anlehnung an die Geomantie mit ihren positiv wirkenden Strahlen etwas ironisch als »Technomantie« bezeichnet. So wirken z. B. Sendeanlagen von Funk und Fernsehen ebenso wie Radaranlagen mit ihren Oberwellen im Mikro- und Dezimeter- Wellenbereich als ausgesuchte technische Störer. Ihr Einwirken wird offensichtlich, wenn mehrere Nadelbäume in Reihung (Mikrowellen pflanzen sich nur geradlinig fort!) ihre Spitzen knicken und abwenden, wenn lediglich partielle Baumbereiche geschädigt (z. B. entlaubt) sind oder wenn sich Nadeln von Kiefern verkürzen oder verdrehen sowie stark vergilben. Ein moderner technischer Indikator für das Vorhandensein bzw. die Abwesenheit von bestimmten Funkwellen ist das allseits vertraute Handy. Die Künstlerin Mary Bauermeister nutzte ihr Handy lediglich zu einem Zweck, nämlich um festzustellen, wo kein Empfang besteht! Hier ist sie relativ geschützt vor der Einwirkung der modernen Technomantie.

Übersicht 4/Abb. 17: Pflanzen sprechen →

Zwiesel:
Wasseradern

Wasserreiser:
Verwerfung

Verkrebsung:
Verwerfung

Reihen kräftiger Pflanzen: *rechtsdrehende Wachstumszonen (Diagonalgitter)*

Drehwuchs:
Kreuzungssysteme

Krebsgeschwüre in regelmäßigen Abständen: *Kreuzungssysteme*

Hexenbesen: *rechtsdrehende Strahlung höherer Intensität*

Verwachsungen: *rechtsdrehende Strahlung, Ätheraktivität*

Übersicht 4/Abb. 17: Pflanzen sprechen

Alte, sehr kräftige Bäume (1000-jährige Linde): *rechtsdrehende Strahlung, Ätheraktivität (Einstrahlpunkte)*

Efeubewuchs:
Wasseradern (Verwerfungen)

Mistel:
linksdrehende Strahlung

Schrägwuchs: *linksdrehende Strahlung (Wasserader, Verwerfung)*

Reihung von Phänomenen:
linear verlaufende Strahlungsquelle

Reihung geknickter Spitzen (Nadelbäume):
Technomantie, anthropogene Strahlung

Partielle Entlaubung:
Technomantie, anthropogene Strahlung

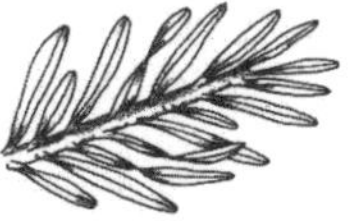

Verkürzte oder verdrehte Nadeln:
Technomantie, anthropogene Strahlung

Tiere sprechen

Auch Tiere können durch ihre An- oder Abwesenheit einiges über die Strahlungsqualitäten eines Ortes aussagen. So finden sich Nistplätze von Vögeln eigentlich ausschließlich im Bereich rechtsdrehend polarisierter Strahlungen. Ein Schwalbennest an Ihrem Haus sagt Ihnen damit, daß hier für Ihren Organismus positive Strahlungen vorherrschen; oder wie es im Volksmund heißt: »Die Schwalben bringen Glück!« Dagegen koten Tiere fast ausschließlich über linksdrehend polarisierten Zonen. Die Natur garantiert dadurch den raschen Abbau der Ausscheidungen. Dies gilt natürlich nicht für den Kot unter Vogelnestern, denn die Jungvögel können ja noch nicht ihr Nest verlassen.

Starke Strahlungssucher sind vor allem Insekten – wie Bienen oder Ameisen. Gerade Waldameisen bauen ihre Haufen gerne auf z. B. Wasseraderkreuzungen. Oft wird durch falsch verstandenen Umweltschutz diese Strahlungsliebe zum Verhängnis. So sieht man häufig pyramidenförmige Eisengitterkonstruktionen zum Schutz (wovor eigentlich?) über Waldameisenhaufen errichtet. Dieses Metallflechtwerk in Zusammenhang mit der gewählten Pyramidenform stört das gesuchte Strahlungsniveau der Ameisen empfindlich, so daß sie kurz darauf auszuwandern beginnen. Haben sie einen neuen Haufen errichtet, naht bald der nächste Umweltschützer, und das Spiel beginnt von vorn!

Übersicht 5: Tiere sprechen

Nistplätze	rechtsdrehende Strahlung
Kotstellen	linksdrehende Strahlung
Bienen oder Ameisen	starke Strahlungsintensität, häufig Wasseradern
Katzenplätze	hohe Strahlungsintensität
Hundeplätze	geringe Strahlung
Urinspuren	Wasserader (i. d. R. linksdrehend)
Tierfährten	Ätherlinien

Hier zeigt sich wieder einmal, wie der Mensch ständig meint, mit technischen Hilfsmitteln in natürliche Abläufe helfend eingreifen zu müssen, obwohl die Natur vor ihm ohne solche Hilfen auch schon einige Jahre gut zurecht kam. Bei den Haustieren ist vor allem die Katze eher ein Strahlungssucher, während der Hund stark strahlende Plätze meidet.

Im Kraftfeld der Technik

Ein meist eher unangenehmes Kapitel moderner Geomantie stellt die anthropogene, menschengemachte Strahlung dar, die seit gut 100 Jahren auf die Erde einwirkt. Hochspannungs-Überlandleitungen sind nicht nur landschaftsästhetisch ein Problem. Bewegt sich ein Mensch unter einer solchen Überlandleitung hindurch, durchströmen ihn die elektrischen Felder. Selbst in 2 km Abstand von einer Überlandleitung kann so das elektrische Feld eines Ortes um das 50.000-fache der natürlichen Feldstärke erhöht sein. Und natürlich betrifft das nicht nur den Menschen, sondern auch alle Tiere und Pflanzen, die sich in der Nähe der Masten bewegen oder hier wachsen. Was hier fließt, ist Wechselstrom, der in einem Takt von 50 Hz hin und her schwingt. Oktaviert man diese Frequenz, so gelangt man zu Frequenzspektren, die für biologische Organismen besonders wirksam sind und u. a. ihre Lebenskraft und ihre biologische Reproduktion negativ beeinflussen können. Leider hindert dies die Stromkonzerne nicht, solche Leitungen über Häuser, ja sogar wie im Falle der Wallfahrtstätte »Maria im Hollerbusch« sogar über den heiligen Ort zu führen. Fast scheint es Absicht zu sein.

Elektrische und magnetische Felder wirken aber auch aus den Hausstromleitungen oder von nahen Bahnlinien auf uns ein. Interessanterweise liegt auch die Frequenz des Bahnstroms nahe bei einer der Eigenfrequenzen der Erde. Wir umgeben uns durch den elektrischen Strom mit einem künstlichen Kraftfeld, das uns mehr und mehr von den Kräften der Erde abkoppelt. Untersuchungen haben dabei gezeigt, daß z. B. außersinnliche Wahrnehmungen bei Menschen in dem Maße nachlassen, wie das sie umgebende Magnetfeld zunimmt. Wir stumpfen ab, »machen dicht«.

Auch die viel jüngeren Einflüsse der Hochfrequenz sind spätestens seit den 1990er Jahren durch Mobilfunk, schnurlose Haustelefone, W-LAN und andere Strahlungsemittenten rasant angestiegen. Die Hochfrequenz wirkt dabei ebenso wie die Niederfrequenz nicht nur auf der körperlichen Ebene (Nervosität, Schlafstörungen, Unwohlsein, ...), sondern auch auf der geistigen. Von Gedächtnisstörungen wird ebenso berichtet wie von emotionaler Erregbarkeit, Aggressionsschüben und Depressionen. Elektrosmog ist daher nicht nur ein Umweltschutzproblem. Er muß in einer ganzheitlichen geomantischen Untersuchung unbedingt berücksichtigt werden. Wie ich mit meinem Kollegen Ulrich Dierssen in dem Buch *Der Mensch im Kraftfeld der Technik* (Neue Erde) aufzeigen konnte, betrifft Elektrosmog unser ganzes Wesen: den Körper, die Seele und den Geist!

Bei der Betrachtung von Karten gehört es daher inzwischen ebenso dazu, zu beachten, wo Hochspannungsleitungen verlaufen und wo Mobilfunksender sitzen. Eine Pyramide im Haus alleine hilft nicht, um sich vor den negativen Einflüssen zu schützen. Doch mit Netzfreischaltern, abgeschirmten Kabeln und Abschirmgewebe sowie vor allem Aufmerksamkeit im Umgang mit Stromverbrauchern können die meisten dieser negativen Einflüsse reduziert werden.

Wir sollten hier auch aus Liebe zu unserer Mitwelt schnell dazulernen. Auch auf der ätherischen Ebene, die wir im nächsten Kapitel betrachten wollen, wirkt sich Elektrosmog aus. Auch typisch geomantische Phänomene wie Leylinien, Einstrahlpunkte, Ausgießungszentren, u. a. reagieren als ätherische Phänomene unmittelbar auf Ätherimpulse aus der Technik. Manche stürzen unter dem »Ätherwirbel-Bombardement« ein wie Kartenhäuser, auf die auch ganz kleine Kieselsteine geworfen werden. Andere werden in ihrer inneren Informationsstruktur gestört. Der indirekte rückwirkende Einfluß solch gestörter Systeme auf Landschaft und Mensch ist noch nicht einmal in Ansätzen abzuschätzen. Weitere Forschungen in Geomantiekreisen sind unbedingt erforderlich. Manchmal ist die bessere Erdheilung, einfach einmal das Handy abzustellen!

Weiterführende Literatur zum Kapitel

Paul Devereux: *Der heilige Ort. Vom Naturtempel zum Sakralbau: Wie die Menschen das Heilige in der Natur entdeckten.* AT, Baden und München 2006

Inge Resch-Rauter: *Unser keltisches Erbe. Flurnamen, Sagen, Märchen und Brauchtum als Brücken in die Vergangenheit.* Eigenverlag Wien 1992

Michael Gienger: *Die Steinheilkunde.* Neue Erde, Saarbrücken 2006

Andrea Benschkowski: *Radiaesthetische Erscheinungen in der Baubiologie und ihre meßtechnische Erfassung.* Verlag Eike Hensch, Nienburg 1997

Eike Georg Hensch: *Geomantisch Planen, Bauen und Wohnen. Band 1: Grundlagen geomantischer Arbeit/ Band 2: Praktisches Handbuch.* Drachenverlag, Klein Jasedow 2007

Ewald Kalteiß: *Beiträge zur Radiaesthesie. Physikalische Aspekte zum Verständnis radiästhetischer Erscheinungen.* Verlag Eike Hensch, Nienburg 1997

Robert Endrös: *Die Strahlung der Erde und ihre Wirkung auf das Leben.* Pfaffrath, Remscheid 1981, Neuauflage Ulmer, 1998

Reinhard Schneider: *Leitfaden und Lehrkurs der Ruten und Pendelkunst, Teil I und Teil II.* Oktogon, Wertheim 1977, 1989

Barbara + Peter Newerla: *Strahlung und Elektrosmog. Ein praktischer Leitfaden für sichere, strahlenfreie Lebensräume.* Neue Erde, Saarbrücken 2007

Ulrich Kurt Dierssen + Stefan Brönnle: *Der Mensch im Kraftfeld der Technik.* Neue Erde, Saarbrücken 2009

Martin Runge, et. al.: *Mobilfunk, Gesundheit und die Politik. Streitschrift und Ratgeber.* Agenda, Münster 2006

Die ätherische Ebene des Ortes

Im Erklärungskonzept des Drei-Welten-Modells wurde der Äther als das bindende Glied zwischen dem Geist und der Materie dargestellt. Viele Kulturen kannten Begriffe, die eine universelle Lebensenergie beschreiben. Das Qi der Chinesen, das Prana der Inder, das Pneuma der Griechen, das Guruwari oder Korunba der Aborigines, das Mana der Polynesier, das Orenda der Irokesen, das Kachina der Hopi, der Archäus des Paracelsus, das Vril, das Od, das Orgon oder der Äther sind Beispiele für jene Kraft, die alles durchdringt und die existentielle Grundlage der Verbindung von Geist und Materie bildet. Selbst Albert Einstein beendete 1920 seine Rede »Äther und Relativitätstheorie« mit dem Satz: »Gemäß der allgemeinen Relativitätstheorie ist Raum ohne Äther undenkbar.«* Er griff damit erneut auf das Erklärungsmodell des Äthers in der Physik zurück, das eigentlich bereits als widerlegt galt. In der jüngeren Vergangenheit ist es vor allem die Biophotonentheorie, die von Marco Bischof in seinem Werk »Biophotonen – Das Licht in unseren Zellen« so grandios dargelegt wird, die auf das grundlegende Gedankenmodell des Ätherischen zurückgreift. Marco Bischof schreibt: »Diesen einzigen Punkt haben beide Räume gemeinsam. In ihm findet bei dem Hin und Her die Umstülpung vom einen in den anderen Raum, die Transformation vom formlosen, impliziten, potentiellen, ätherischen Zustand in den materiellen, expliziten, aktuellen Zustand unserer Objektwelt statt. Dieser Punkt ist der Keimpunkt oder Quellpunk in Dubrows Biogravitationstheorie. Potentiell muß der gesamte Raum aus solchen Keimpunkten zusammengesetzt gedacht werden. Ihre Gesamtheit bildet die implizite Ordnung, den Äther; die Krümmung des Raumes durch Materie, Gravitationsfelder und Bewußtseinsfelder bewirkt, daß sowohl in der Umwelt als auch im Organismus bestimmte geometrische Raumpunkte (etwa heilige Orte in der Landschaft und Akupunkturpunkte auf unserer Körperoberfläche) und materielle Strukturen

* Albert Einstein: *Äther und Relativitätstheorie*; Rede, gehalten am 5. Mai 1920 an der Reichs-Universität zu Leiden. Julius Springer, Berlin 1920; S. 15

eue Ökodörfer braucht as Land!

lternative Lebensformen, wie sie in den Ökodörfern welt-eit erprobt werden, schaffen Modelle gelebter Nachhal-igkeit. Angesichts von Klimawandel, Armut, Einsamkeit und Krieg arbeiten sie an Lösungen und erproben sie im wirklichen Leben – meist mit einfachen Mitteln, aber oft mit spektakulären Ergebnissen. In diesem Buch stellen wir eine Auswahl von Ökodörfern aller Kontinente vor, die einen Eindruck vom Reichtum und der Vielfalt der Bewegung geben.

Kosha Anja Joubert, Leila Dregger
Ökodörfer weltweit
Lokale Lösungen für globale Probleme
Klappenbroschur, 192 Seiten,
mit vielen farbigen Fotos
ISBN 978-3-89060-664-4

Ausführliche Beschreibungen zu diesen und zu allen anderen Büchern von Neue Erde finden Sie unter **www.neue-erde.de**, und fragen Sie im Buchhandel danach.

Nur eine lebendige Erde kann uns nähren und tragen

NEUE ERDE

Liebe Leserin, lieber Leser,–

Sind Sie ein Mensch? – »Natürlich
weiß ich sicher!«
Aber wissen Sie auch, was Sie zun

Jetzt denken Sie vielleicht an das I
das handwerkliche Geschick, die
Ende an die städtische Lebenswei
auch, die Zivilisation habe Sie erst z
gemacht; Sie sind kein »Wilder« me

Auch wenn dergleichen heute »con
spricht es nicht den Tatsachen. Als
der Erde und ihrem Schöpfungsp
genannt, hervorgegangen. Die Erde
macht, und selbst Sprache und D
durch den fortwährenden Austausch
den Natur herausbilden können.

In unserer technisierten und digitalis
kaum noch mit nicht-menschlichen
wird das nur allzu leicht vergessen.
der es nur noch Menschen gibt, noch

Den Blick zu weiten und hineinzufü
Erde und das pulsierende Netz des Le
sind, dazu möchten unsere Bücher
sich inspirieren!

in die Pr

Einmal,
stehn
und sin

ler Begleiter auf de
chte daran erinnern,
ens liegt, dass wir M
heit«, an der wir als E
unsere Illusion der Tre
dung, Ausbeutung und

werden
durch
Wiegt
sieh, wir
Und s
und: b

Andrea Wichterich mit Reiner Angermeier
waldverbunden
Eintauchen in die Präsenz des Waldes
Klappenbroschur, 176 Seiten, mit Abbildungen
ISBN 978-3-89060-742-9

(beispielsweise die Gameten beziehungsweise die DNS und andere Spiralstrukturen) zu bevorzugten Keim- oder Quellorten für das Einströmen oder die Einwirkung des Ätherischen in die physikalische Dimension und damit zum Kristallisationskern für eine selbstorganisierende materielle Struktur werden. (...) Ätherräume bilden sich dauernd und vergehen wieder, überall wo ein Keim für Wachstums- oder Bildungsvorgänge ist.«*

Franz Anton Mesmer

Franz Anton Mesmer (1734 - 1815) war ein deutscher Arzt. Er wurde durch seine viel umstrittenen Heilkräfte berühmt. Mittels der magnetischen Striche erreichte er hypnotische Effekte und Heilerfolge bei seinen Patienten. Später entdeckte er, daß dieselben Effekte, die er durch Magneten erzielt hatte, auch durch die Hand des Arztes (das berühmte Handauflegen) erzielt werden konnten. Diese Tatsache brachte ihn zu der Theorie des »Magnetismus animalis«, des tierischen Magnetismus. 1781 verfaßte er ein Memorandum für die Französische Akademie der Wissenschaften, das in 27 Lehrsätzen die Verhaltensweise des Fluidums erläuterte. Die drei wesentlichen Thesen waren:

- Es gibt eine das ganze Universum erfassende und durchdringende Kraft.
- Jede Krankheit ist eine Folge des Ungleichgewichts dieser Kraft.
- Heilen bedeutet, dieses Gleichgewicht wieder herzustellen.

Der tierische Magnetismus mit seinem kosmischen Fluidum wurde damit für Mesmer zur grundlegenden Erklärung für die Eigenschaften der Materie und der organischen Körper sowie deren Wechselwirkungen. Er beschrieb die Eigenschaften des Äthers, auch über größere Entfernungen Wirksamkeit entfalten zu können, durch Spiegel vermehrt und reflektiert zu werden, durch Schall vermehrt und bewegt zu werden, sich auszudehnen, zusammenzuziehen und willentlich von Personen

* Marco Bischof: *Biophotonen – Das Licht in unseren Zellen.* Zweitausendeins, Frankfurt 1995; S. 422-423

bewegt werden zu können, von Magneten beeinflußt zu werden, sowie die beiden Polaritäten des Äthers – Yin und Yang. Mesmer nannte sie »negative und positive Kraft« bzw. »Ebbe und Flut«.

Carl Freiherr von Reichenbach

Ein Zeitgenosse Mesmers war der deutsche Naturforscher Carl Freiherr von Reichenbach (1788 - 1869). Unabhängig von Mesmer – ja zum Teil sich von ihm distanzierend – proklamierte er die Existenz der universellen Kraft, die er »Od« nannte. In akribischer Kleinarbeit von Hunderten von Experimenten arbeitete Carl von Reichenbach seinerseits die wesentlichen Eigenschaften des Ods heraus. Reichenbach erkannte wie Mesmer Zusammenhänge des Ods mit der Kraft des Magneten, die Polarität des Ods, die sich in unterschiedlichen Empfindungen ausdrückte (Ziehen oder Prickeln) oder in einer unterschiedlichen Färbung der in abgedunkelten Räumen erkennbaren Farbabstrahlungen. Auch nach von Reichenbach konnte das Od von Vergrößerungsgläsern konzentriert, von Spiegeln reflektiert, von unterschiedlichen Formen in vier verschiedenfarbige Untergruppen geteilt, durch Reibung erzeugt oder durch Kristalle beeinflußt und im Wasser gespeichert werden.

Wilhelm Reich

Wie Franz Anton Mesmer war auch Wilhelm Reich (1897 - 1957) Arzt. Der Schüler Sigmund Freuds, der jahrelang als dessen potentieller Nachfolger galt, vertrat die Hypothese, daß die Freudsche Libido nicht nur ein bloßes Gedankenmodell war, als das es in den Kreisen der Psychoanalytiker galt, sondern daß es sich in der Tat um eine real existierende Energie handeln müsse. Bei seinen Forschungen an Einzellern stellte er fest, daß diese sich frei und ungehindert bewegten, bis man sie einem elektrischen Reiz aussetzte. Hierauf verfielen sie in eine kurze Starre, die um so länger anhielt, je häufiger der elektrische Schock gesetzt wurde, bis sie schließlich in absolute Starre verfielen.

Reich erkannte darin ein grundsätzliches Lebensgesetz, das er auf seine psychoanalytischen Erfahrungen übertrug. Er war der Meinung, daß die Lebensenergie, die er Orgon nannte, frei durch alles Lebendige flösse, bis es durch einen Gewaltakt psychischer oder physischer Natur daran gehindert würde. Würden diese Einengungen und Reglements häufiger eingesetzt, so würde der Mensch psychisch wie physisch in eine teilweise Erstarrung fallen, die Reich Verpanzerung nannte: Die Lebensenergie Orgon war zu erstarrtem DOR (»Deadly Orgon«, also schlechter Äther, im Feng Shui »sha« genannt) geworden. Während Orgon die Kraft war, die dem Leben zugrundelag, war DOR die Kraft des Todes.

Für seine Forschungen an Einzellern benötigte Wilhelm Reich eine große Menge an einzelligen Organismen. Auf Anraten eines Bekannten begann er – um Geld zu sparen – diese selbst herzustellen. Er folgte dabei der damals gebräuchlichen Methode des Heuaufgusses. Dabei beobachtete Reich unter dem Mikroskop, daß sich aus dem Heu (absterbende organische Substanz) kleine Bläschen lösten, die sich rasch zusammenschlossen und größere Verbände bildeten, aus denen schließlich Einzeller entstanden. Er entdeckte die Biogenese – die Entstehung von Leben aus toter Materie.

Dabei meinte er um die Bläschen herum, die er »Bionen« nannte, ein bläuliches Strahlen wahrnehmen zu können, das er später dem Orgon gleichsetzte und das den Farbabstrahlungen von Reichenbachs gleicht.

Feng Shui

Ähnliche Aussagen, wie sie Mesmer, von Reichenbach und Reich trafen, finden sich auch im Feng Shui, der chinesischen Geomantie, wieder. Das Qi ist der wesentliche Begriff der chinesischen Philosophie. Wer China, seine Kultur und Kunst verstehen will, kommt um das Verständnis des Qi nicht herum. Das Qi ist die Grundlage der chinesischen Geomantie ebenso wie der Kalligraphie und Malerei, der Körperübungen des Qi Gong (wörtl.: »Arbeiten mit Qi«), der Kampfkünste sowie der daoistischen Meditationstechniken. Auch im Feng Shui finden sich die Gesetzmäßigkeiten des Qi wieder, wie sie bereits angesprochen wurden: Röhren sammeln und bündeln Qi, Klang bindet und zerstreut Qi, Spiegel vermehren und lenken es, Wasser speichert es. Aus den Erfahrungen Franz Anton Mesmers, Carl von Reichenbachs, Wilhelm Reichs und den Regeln des Feng Shui sowie vieler anderer Forscher können damit die folgenden Eigenschaften des Äthers zusammengefaßt werden.

Die fünfzehn Äthergesetze

Übersicht 6: Die Äthergesetze
1. Es gibt nur ein Qi.
2. Orgonomisches Potentialgesetz
3. Äther und Wasser binden sich wechselseitig.
4. Pulsen und Wirbeln
5. Der Äther konzentriert sich in zentripetalen Wirbeln und zerstreut sich in zentrifugalen Wirbeln.
6. Quarz, Jade und Holz speichern Äther.
7. Magnete beeinflussen Äther.
8. Leiter und Nichtleiter konzentrieren Äther: der Orgonakkumulator.
9. Die Form beeinflußt den Äther.
10. Der Äther folgt der Bewegung – die Bewegung dem Äther.
11. Die Energie folgt der Aufmerksamkeit – die Aufmerksamkeit der Energie.
12. Die Energie folgt der Absicht.
13. Spiegel bündeln und reflektieren Äther.
14. Äther läßt sich durch Schall fortpflanzen und vermehren.
15. Es gibt viele Äther (vier Elemente, sieben Planeten).

1. Es gibt nur ein Qi

Ungeachtet der Tatsache, daß das Qi in China in die vielfältigsten Unterarten eingeteilt wird (u. a. Ti Qi und Tien Qi = Erd- und Himmels-Qi; Fünf-Elemente-Qi; s. u.), ist doch die wesentliche Kernaussage innerhalb der daoistisch-konfuzianistischen Qi-Auffassung, daß es nur ein Qi gibt. Alle weiteren Unterteilungen sind letztendlich Ergebnisse der Interaktion verschiedener Qi-Aspekte untereinander, die wiederum die Dinge der Erscheinungswelt erzeugen und in dieser rückwirkend als verschiedene Qi-Arten erscheinen. So wie der Mensch als Schöpfung Gottes einzigartig ist, doch als Individuum durchaus verschiedene Aspekte seines göttlichen Selbst zeigen kann, so kann auch eine Menschenmenge (nur *eine* Menge) von verschiedenen Demoskopen unterteilt werden, in Männer und Frauen, Blonde, Brünette, Schwarz-, Braun- und Rothaarige, verschiedene Altersklassen. Und so erfährt auch der Mensch das eine Qi als eine Vielzahl unterschiedlicher Qualitäten. Diese Unterteilungen entsprechen daher sowohl der Realität, sind aber auch subjektiv-willkürliche Schubladen. Es kommt auf die Realitätsebene an, die man betrachtet. Da wir uns aber zunächst noch auf der Ebene der Materie bewegen, sind Unterteilungen legitim und sinnvoll. Dazu unten mehr.

2. Das orgonomische Potentialgesetz

Wilhelm Reich formulierte das Gesetz als ein sich zur Entropie polar verhaltendes Naturgesetz. Das Entropiegesetz der Thermodynamik besagt, daß Energie (in welcher Form auch immer) die Eigenschaft besitzt, sich von Orten oder Zuständen höheren Potentials zu Orten oder Zuständen niedrigeren Potentials zu bewegen. Diesem Naturgesetz setzte Wilhelm Reich das orgonomische Potentialgesetz gegenüber: Wo viel Orgon (= Äther) ist, wird noch mehr Äther angezogen. Reich formulierte das orgonomische Potentialgesetz jedoch nicht als Gegensatz zum Entropiegesetz, sondern als ganzheitlichen Ausgleich: Solange der Äther in freier ungebundener Form vorkommt, regiere das orgonomische Potentialgesetz, sobald er sich jedoch an Materie (z.B. Wasser) binde, würde über die Materie das Entropiegesetz wirksam. Die Wichtigkeit dieser Polarität wird sich im Folgenden noch zeigen.

3. Äther und Wasser binden sich wechselseitig

Das ausschließliche Wirken des orgonomischen Potentialgesetzes hätte zur Folge, daß sich der Äther mehr und mehr konzentrieren und schließlich in immer schnellerer Folge weitere Äthermassen anziehen würde, bis schließlich nur noch ein einziges riesiges hochverdichtetes Ätherfeld vorhanden wäre (es gibt nur ein Qi!). Dies käme dem Tod der

Schöpfung gleich, ebenso wie umgekehrt die ausschließliche Wirksamkeit des Entropiegesetzes zum sogenannten Wärmetod der Schöpfung führt. Da aber der Äther die Eigenschaft besitzt, sich an Materie anzulagern bzw. sich damit zu verbinden, gleichen sich beide Kräfte aus, und das Leben wird möglich.

Wilhelm Reich selbst formulierte die gegenseitige Anziehungskraft von Äther (Orgon) und Wasser. So würde sich – z. B. durch ein Potentialgefälle des Äthers in der Atmosphäre – ein starker Sog des Äthers zum Ort höheren Potentials bilden. Durch die Anziehungskraft von Äther und Wasser würden sich Wassertröpfchen dort sammeln und Wolken bilden. Jetzt träte das Entropiegesetz in Kraft, und bei größer werdendem Potential würde die Wolke abregnen und die Ätherballung sich normalisieren. Diese Anziehungskraft von Äther und Wasser – es sei hier noch einmal an das Fresko vom Mont Saint Odile hingewiesen (Abb. 3) – führte im Feng Shui zum »Ming Tang«, einem Teich vor dem Hauseingang, der das Qi speichert und so zu Glück und Wohlstand führt.

Den großen Gartenarchitekten Friedrich Ludwig Sckell veranlaßte dieselbe Gesetzmäßigkeit allerdings zu der Warnung, stehende Gewässer niemals vor Krankenhäusern anzulegen, denn diese würden die Miasmen, den kranken, abgenutzten Äther, speichern. Und auch Carl von Reichenbach machte die Erfahrung, daß man Wasser positiv oder negativ magnetisieren könne. Marco Bischof äußerte die Vermutung, diese Speicherfähigkeit des Wassers hänge mit seiner molekularen Struktur (Dipolcharakter) zusammen sowie mit seiner Fähigkeit, zwischen kristallinen und gasförmigen Aggregatzuständen zu oszillieren (Flüssigkristallinität) und dem Umstand, daß Wasser ausschließlich in thermischen Nicht-Gleichgewichtszuständen vorliege.

4. Pulsen und Wirbeln

Der Äther strömt in der Regel nicht laminar. Er bewegt sich bevorzugt in schubweisen Stößen (Pulsen) oder in Wirbeln. Auch hier kann uns das Wasser als Bild dienen: Nehmen Sie eine Flasche und befüllen Sie diese mit Wasser. Nun drehen Sie sie um. Was geschieht? – Das Wasser verläßt die Flasche in pulsenden Schüben. Ebenso bewegt sich der Äther.

Füllen Sie die Flasche noch einmal auf. Beim erneuten Umdrehen und Entleeren des Wassers versetzen Sie nun das Wasser durch eine Handbewegung in eine drehende, wirbelnde Bewegung. Das Wasser wird durch diese Wirbelbewegung die Flasche viel schneller verlassen, da sich der Wirbel zunehmend beschleunigt.

Auch der Schall, der, wie wir noch sehen werden, ebenfalls »Träger« des Äthers sein kann, bewegt sich in pulsenden Wirbeln, sogenannten longitudinalen Wellen, fort. Die Luftmoleküle wirbeln dabei ungerichtet (Wirbel), werden jedoch insgesamt in einer schubweisen Pulsung vorangetrieben. Da der Äther Grundlage aller lebendigen Naturvorgänge ist, finden wir diese Bewegungsarchetypen auch bei Wasserbewegungen, Luftbewegungen (z.B. Wirbelstürme), in der Ausbreitung des Universums (siehe die Spiralform der Galaxien) oder der Bildung und Auflösung von Sonnen, ja der Materie an sich wieder (z.B. Schwarze Löcher).

Pulsen und Wirbeln sind die Bewegungsformen des Äthers. Darum werden auch an »Kraftorten« oft in der Körperwahrnehmung pulsende Energieschübe oder Rotationsbewegungen wahrgenommen. Diese Wahrnehmungen sind ein Spiegel der ätherischen Ortsebene. Freiherr von Reichenbach beschrieb die Bewegungsformen des »Ods« in ähnlicher Weise.

5. Der Äther konzentriert sich in zentripetalen Wirbeln und zerstreut sich in zentrifugalen Wirbeln

»Erst nach Jahren wurde ich gewahr, daß dieses rinnende Wasser unser Bewußtsein magnetisch anzieht und ein Stück mitnimmt. Es ist eine Kraft, die so stark wirken kann, daß man das eigene Bewußtsein vorübergehend verliert und unfreiwillig tief einschläft.«* So schrieb der berühmte Wasserforscher Viktor Schauberger. Schauberger stammte aus einer Familie von Förstern und verbrachte täglich viele Stunden in der freien Natur. Hier hatte er auch sein Schlüsselerlebnis, das ihn tief in die Gesetzmäßigkeiten des Wassers und letztendlich des Ätherischen hineinführte: An einem kalten Wintertag scheuchte er im Vorübergehen

* Schauberger, Viktor: »Den Umbruch beginnen!«, In: *Implosion*, Nr. 67, 1977

eine Forelle auf, die in einem reißenden Gebirgsbach still stand. Entgegen allen Erwartungen floh die Forelle aber nicht mit der Strömung bachabwärts, sondern schoß gegen die Flußrichtung bachaufwärts davon. Dieses Erlebnis führte Schauberger schließlich zu den zugrundeliegenden Wirbelgesetzen, die die Aufnahme und Abgabe von Ätherkräften in das Wasser regeln. In seinem obigen Zitat wird die tiefe Erkenntnis offenbar, daß dieser Äther auch Träger unseres Bewußtseins sein kann.

Ein physikalisches Gesetz besagt, daß bei einer wirbelnden Bewegung die energetische Wirkung um so stärker und die Masse um so größer wird, je enger der Radius und je höher die Winkelbeschleunigung der Periodizität (= Frequenz) ist und umgekehrt. Bei einer implosiven Wirbelbewegung, wie sie Viktor Schauberger propagierte, verkleinert sich der Aktionsradius beständig, wodurch es zu einer automatischen Zunahme der Winkelbeschleunigung und damit zu einer Verstärkung der Energieeinwirkung kommt. Somit ziehen implosive, zentripetal gerichtete Wirbel Ätherkräfte an.

Diese auf das Wasser als Trägermedium bezogene Erkenntnis gilt auch für den Äther an sich. Bei einer Sammlung der freien Ätherkräfte, wie es das *orgonomische Potentialgesetz* beschreibt, strömt der Äther nicht linear auf den Ätherfokus zu, sondern in sich langsam aufbauenden und schließlich immer mehr beschleunigenden und verengenden Wirbeln.

Aus diesem Grunde »rollen« sich z. B. Ätherlinien wie sogenannte Aquastate an einem Bewußtseinsfokus ein (siehe Kapitel *Ätherlinien*). Umgekehrt verteilen sich ausströmende Ätherkräfte aus einer Quelle in zentrifugalen Wirbeln in den umliegenden Raum.

6. Quarz, Jade und Holz speichern Äther

Ähnliche ätherische Eigenschaften wie Wasser besitzt auch Quarz. Er wird damit zu einem hervorragenden Energiespeicher, der den Äther gleichmäßig und langsam freisetzt (man denke z. B. auch an den Energieprozeß bei Quarzuhren!). Wilhelm Reich erkannte diesen Effekt u. a. daran, daß quarzhaltige Gesteine in seiner Umgebung sich schwärzten, da sie sich mit DOR (Deadly Orgon) aufgeladen hatten (Melanor-Effekt).

Auf positive Weise wird dieser Effekt z. B. bei den so genannten »Wetzsteinen« nutzbar. Bei den Wetzsteinen handelt es sich meist um Sandsteine an Kirchen oder megalithischen Stätten, an denen durch Kratzen Quarzmehl entnommen wurde und so tiefe Kratzspuren erzeugt wurden (Abb. 18). Wie historische Dokumente, u. a. aus der Stadt Quedlinburg, zeigen, wurde das Mehl eingenommen oder als Salbe aufgetragen, um gezielt bestimmte Krankheiten zu behandeln. Der im Quarz gespeicherte Äther diente dabei als Trägermedium für bestimmte Frequenzen (= Informationen), die die Heilwirkung verursachten (homöopathischer Effekt); ebenso wie im erwähnten Fresko der Taufe Christi der Äther die Information des Heiligen Geistes aufnimmt, um dann seinerseits im Wasser gespeichert zu werden (vergl. Abb. 3). Auch Roland Plocher nutzt diesen Effekt, um dem Quarzmehl mittels Orgonstrahlen Informationen, u. a. von Sauerstoff, aufzuprägen. Plocher erzielt mit der Aufbringung des so geimpften Mehls große Erfolge in der ökologischen Harmonisierung von Gewässern. Vermutlich ist es die kristalline Struktur des Quarzes, die diesen Speichereffekt erzeugt. So fand Carl von Reichenbach heraus, daß Kristalle Od ausstrahlen. Er nannte dieses Phänomen »Kristallod«. Für die meisten Experimente verwendete er einen großen Quarzkristall!

Abb. 18: Wetzspuren am Portal einer Kirche

Neben Quarz bzw. Silizium ist eine ähnlich hohe ätherische Speicherkapazität bei der Jade nachweisbar. Es verwundert daher nicht, daß Jade zum Glücksstein Chinas wurde.

Als drittes Material mit hervorragender Speicherfähigkeit für ätherische Kräfte sei hier noch das Holz erwähnt. Diese Speicherkraft führte dazu, daß der Holzstab ein nicht wegzudenkendes Utensil in Magie und Schamanismus wurde. So laden die Kahunas, die polynesischen Schamanen auf Hawai, Holzstöcke mit »Mana« (Äther) auf. Teilweise werden solche aufgeladenen Stöcke auch eingesetzt, um mittels der Entladung der Ätherballung Gegner außer Gefecht zu setzen. Die Curanderos in Südamerika dagegen nutzen Holzstöcke, um damit Krankheiten (kranken Äther) abzustreifen.

Das Holz zeigt somit die Eigenschaft, Äther für eine gewisse Zeit zu speichern und nach dem Willen des Benutzers plötzlich abgeben zu können.

7. Magnete beeinflussen Äther

Die magnetische Kraft war es gewesen, die Mesmer zu weiteren Forschungen angeregt hatte. Auch Carl von Reichenbach machte zahlreiche Experimente mit der odischen Kraft der Magnete. Bei seinen Versuchen sahen Medien in abgedunkelten Räumen ein Licht von den Polen des Magneten ausstrahlen. Nach von Reichenbach könne am Nordpol eine blaue Flamme gesehen sowie ein Kältegefühl gespürt werden, am Südpol dagegen eine gelblich-rote Flamme mit einem Wärmegefühl. Hinweise sprechen für die Vermutung, daß die Eigenschaft der Magnete darin besteht, Äther zu verdichten bzw. aus höheren Realitätsebenen herunter zu transformieren und in den materiell erlebbaren Lebensbereich hinein auszuströmen.

8. Leiter und Nichtleiter konzentrieren Äther: der Orgonakkumulator

Ein Zufall brachte Wilhelm Reich darauf, daß wechselnde Schichten aus leitenden und nichtleitenden Materialien Ätherkräfte (Orgon) anziehen und ballen. Nachdem er das bläuliche Leuchten der Bione wahrgenommen hatte, hatte er zunächst die Vermutung, dieses könne durch die elektrischen Geräte des Labors verursacht worden sein. Daher versuchte er, die zu untersuchenden Proben in Kästen aus leitenden und isolierenden Schichten abzuschirmen. Seine Verwunderung war groß, als das Leuchten der Bione in diesen Kästen sich sogar noch verstärkte. Der erste Orgon-Akkumulator war geschaffen.

Der Österreicher Viktor Schauberger (1885 - 1958) entdeckte, daß mehrere Faktoren dazu führen konnten, daß schwere Steine durch die Wirbelkräfte des Wassers quasi schwerelos schwimmend durchs Wasser

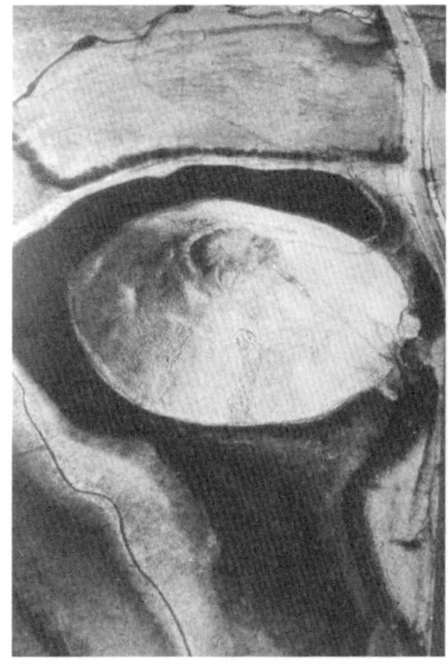

Abb. 19a: Sillbury Hill ist ein akribisch geschichteter künstlicher Hügel.

Abb. 19b: Indianischer Begräbnishügel. Auch hier Schichten, die einem Parabolspiegel ähneln

trieben. Neben der Temperatur, der Wirbelung und der Form der Steine erstaunte ihn, daß es vor allem Steine aus einer Mischung von Metall und Nichtmetall waren.

Eine solche Schichtung begegnet uns in der Geomantie sakraler Stätten des öfteren. So stellen die Kultschächte der Kelten in den so genannten Viereckschanzen fein säuberlich geschichtete Installationen dar, die dem Aufbau eines Orgon-Akkumulators entsprechen (z. B. Asche = Nichtleiter, Knochen (= Silizium) = Leiter). Und auch der Kulthügel Sillbury Hill in der Nähe von Avebury ist ein akribisch geschichteter gigantischer Ahnenschrein für die Seelen der toten Ahnen.

9. Die Form beeinflußt den Äther

In der Folge seiner Orgon-Forschungen kam Wilhelm Reich schließlich zu dem Ergebnis, daß lange Metallrohre eine Art Sog auf das Orgon (den Äther) ausübten. Ausgehend von der dritten Eigenschaft des Äthers, sich an Wasser zu binden, gelangte er zu der Arbeitshypothese, daß somit Orgon aus der Atmosphäre abgezogen werden könne, um damit das Wetter zu beeinflussen. Der späte Reich entwickelte so das so genannte »cloudbusting« als eine Technik der Wetterbeeinflussung, bei der drei bis vier Meter lange Eisenrohre – über Metallkabel mit Wasser verbunden und in den Himmel gerichtet – das Orgon der Atmosphäre abzogen und in das Gewässer leiteten. Durch Steigerung oder Schwächung des orgonomischen Potentials (*Orgonomisches Potentialgesetz*!) konnten so Wolken aufgelöst oder gebildet werden.

Der Grundgedanke, daß lange Rohre eine ziehende und bündelnde Wirkung auf den Äther ausüben, ähnelt den Gesetzen des Feng Shui. Auch hier bündelt sich das Qi entlang langer Geraden und wird auf den Endpunkt zu transportiert. Es erreicht dabei eine starke Ballung und erhöhte Geschwindigkeit, so daß es nun in der Regel als »sha« (= giftiges Qi) bezeichnet wird. Deshalb wird es in China unterlassen, z. B. Häuser an das Ende einer langen geraden Straße zu setzen. Obwohl alles durchdringend, scheint so der Äther von materiellen Formen beeinflußt zu werden. Diese Eigenschaft ist von größtem Interesse für die Geomantie. Geht es hier doch um die Gestaltung der Umwelt im sicht- und unsichtbaren Bereich. Hierher gehört z. B. auch die ominöse Pyramidenkraft. Im Inneren einer Pyramide, so die Theorie, entstünde ein Energiebrennpunkt auf etwa einem Drittel der Pyramidenhöhe. Es handelt sich dabei vermutlich um nichts anderes als um eine Beeinflussung der ätherischen Kräfte, die durch die Form der Pyramiden an diesem Ort gebündelt werden.

Dem orgonomischen Potentialgesetz folgend, verdichtet sich dieses Feld zunehmend, insofern das Orgonpotential nicht durch Bindung an die Materie und dem nun folgenden Entropiegesetz wieder abgebaut wird. Da aber Wasser und Äther eine gegenseitige Anziehung besitzen (3. Eigenschaft), entsteht ein starker Zug des Wassers hin zu diesem hohen Orgonpotential. Die den Pyramiden nachgesagte dehydrierende Wirkung (Mumifizierung!) könnte so eine Erklärung finden. Aber nicht nur die vielbeschworene Pyramide, nein, jede Form hat ihre Wirkung auf die ätherische Ebene. Kugeln, Tetraeder, Höhlungen, Kuhlen, Spitzen, Wellen, jede Form, gleichgültig ob zwei- oder dreidimensional, besitzt ihre eigene Beeinflussungskraft des Äthers. Diese Tatsache wiederum findet in der Geomantie sowohl Anwendung in der Schaffung von Symbolen als auch in der Analyse von Topographie und Architektur.

10. Der Äther folgt der Bewegung – die Bewegung dem Äther

Erste wichtige Interpretationsfaktoren einer Landschaft waren im Feng Shui die Flüsse. Je nach Form des Flusses und seiner Fließgeschwindigkeit wurden positive und negative Lokalitäten unterschieden. Dies ist verständlich, wenn man sich die wechselseitige Anziehung von Qi und Wasser vergegenwärtigt. Im Laufe der kulturellen Entwicklung aber sahen sich die Feng Shui-Experten mehr und mehr dazu genötigt, auch die anthropogene (= vom Menschen gestaltete) Landschaft zu interpretieren. In der Folge wurden Straßen wie Flüsse behandelt. Dies wiederum wird nur verständlich, wenn neben der dritten Eigenschaft eine weitere hier ihre Anwendung findet, da ja Straßen keine besonders hohe Wasserdichte besitzen. Diese Eigenschaft ist die wechselseitige Bedingtheit von Äther und Bewegung. So interpretierten frühe Feng Shui-Gelehrte z. B. Tierspuren, um den Verlauf des Qi in der Landschaft zu ergründen: Dort, wo Bewegungsprozesse ablaufen – im Fluß das fließende Wasser, auf der Straße die sich bewegenden Menschen und Fahrzeuge – sammelt sich Qi oder Äther. Deshalb finden Mobiles und rotierende Objekte in der Feng Shui-Gestaltung des Wohnraumes regelmäßig Anwendung.

Auf der anderen Seite aber reagieren lebende Wesen selbst sehr stark auf ätherische Ballungen und folgen ihnen in der Regel. Dies machten sich die Feng Shui-Kundigen zunutze und entwickelten eine weitere Methode der Qi-Erkundung: Sie stellten sich auf einen Hügel und liefen, ohne ihre Bahn willkürlich zu beeinflussen, den Hang hinunter (oft auch mit geschlossenen Augen). In der Senke angekommen, markierten sie ihren Standort, liefen erneut auf den Hügel und rannten hinunter. Auf diese Weise entstand ein sichtbares Abbild der Kräfteverläufe. Achten Sie doch einmal in einer Einkaufszone darauf, wo sich Menschen bewegen und wo nicht!

In Europa waren es vor allem englische Rutengänger, die solche Kräfteverläufe radiästhetisch aufspürten, die Menschen hinterlassen hatten. Sie nannten sie »tracklines« (etwa: Pfadlinien). Auch die Mythen der Aborigines beschreiben, daß vor Urzeiten – in der so genannten »Traumzeit« – die Totemtiere das Land durchstreiften und wie eine immaterielle Schleimspur »Guruwari« (Geistsubstanz) hinterließen.

11. Die Energie folgt der Aufmerksamkeit – die Aufmerksamkeit der Energie

Auch die elfte Eigenschaft des Äthers ist von einer wechselseitigen Bedingtheit. Ein zentraler Satz in den klassischen Schriften des Taijiquan lautet: »Wo die Aufmerksamkeit hingeht, geht das Qi hin.« Diese zunächst auf den innerkörperlichen Bereich bezogene Regel gilt ebenso im Äußeren. So wird an einer langen geraden Straße unsere Aufmerksamkeit zum Fluchtpunkt gezogen. Mit ihr fließt auch das Qi verstärkt dorthin. Daher sollten den Feng Shui-Regeln folgend Türen und Fenster nicht in einer Flucht liegen. Denn beim Betreten des Raumes würde unsere Aufmerksamkeit sofort nach draußen gelenkt und mit ihr das Qi.

Deshalb werden Aufmerksamkeitsfänger wie farbige Flecken in Form von Bildern oder Blumen, Licht oder Bewegung ins Zimmer gesetzt, um die Energie vor ihrem Austritt im Raum zirkulieren zu lassen. Orte, auf die beständig die Aufmerksamkeit einer großen Anzahl von Menschen gezogen wird, sind mit ätherischen Kräften oft sehr stark aufgeladen. Dies ist sozusagen der tiefere Sinn eines Denkmals.

Unser Blick, unsere Aufmerksamkeit wird nicht nur von Bewegung, sondern, meist unbewußt, auch von Objekten oder Personen mit einem erhöhten Ätherpotential angezogen. Sie kennen das vielleicht: Sie sitzen in einer Kneipe und unterhalten sich. Es ist ein Kommen und Gehen. Doch auf einmal werden Ihr Blick und der Ihrer Freunde wie magisch zur Tür gelenkt, durch die gerade eine starke Persönlichkeit den Raum betritt. Wesentliche geomantische Gestaltungen bestehen daher oft schlicht in der Führung der Aufmerksamkeit.

12. Die Energie folgt der Absicht

Franz Anton Mesmer formulierte 1781: *Diese magnetische Krafft kann angehäufet, zusammengedrängt und von einem Ort an den anderen gebracht werden.* Hierin erkannte Mesmer die wesentliche Eigenschaft des Äthers, nicht nur der Materie (Form, Material), sondern auch dem Geist zu folgen. So kann derselbe Bewegungsablauf einmal zur Bündelung, ein anderes Mal zur Zerstreuung des Äthers führen: Die Energie folgt der Absicht! Es ist daher in der Geomantie wesentlich, in welcher

Geisteshaltung etwas geschieht; denn: »Wenn zwei das Gleiche tun, ist es noch lange nicht dasselbe.«

Das richtige Material, die richtige Form und Farbe, das korrekte Symbol können unwirksam werden, wenn bei der endgültigen Plazierung die Absicht oder Geisteshaltung damit nicht in Resonanz ist. Andererseits kann das Entzünden einer Kerze manchmal mehr bewirken als eine komplizierte Installation, wenn die Absicht stimmt.

13. Spiegel bündeln und reflektieren Äther

Aufgrund bereits genannter Eigenschaften (Aufmerksamkeitslenkung, Leiter/Nichtleiter) kann nun auch die Eigenschaft bestimmter Objekte verstanden werden, die sowohl in der östlichen als auch in der westlichen Geomantie regelmäßig Anwendung finden. Im Feng Shui ist es vor allem der achteckige Bagua-Spiegel, der zum Standardinstrument einer geomantischen Gestaltung wurde. Mit ihm werden je nach Absicht schlechte Energien abgewehrt oder positive herangeholt. Diese Eigenschaft fiel auch Mesmer und von Reichenbach auf. Mesmer formulierte: »Sie [die Kraft/das Fluidum] wird, wie das Licht, durch Spiegel vermehrt und zurückgeworfen.« Und auch Carl von Reichenbachs Versuche führten ihn zu der These, daß das Od von Vergrößerungsgläsern konzentriert und von Spiegeln reflektiert werden konnte. Auch im Volksbrauchtum tritt uns diese Eigenschaft verschlüsselt entgegen. So haben Vampire kein Spiegelbild, da sie keine eigene Lebenskraft (= Äther) besitzen, die reflektiert werden könnte.

14. Äther läßt sich durch Schall fortpflanzen und vermehren

Der Schall erschüttert das Medium Luft und versetzt es in chaotisch wirbelnde, sich aber geordnet fortpflanzende (so genannte longitudinale) Schwingungen. Gleichzeitig zieht er unsere Aufmerksamkeit auf sich. Dies mögen Gründe dafür sein, daß im Feng Shui Klangspiele Anwendung finden, um das Sha, d. h. die schlechte Energie zu schneller und zu stark gebündelter Energieflüsse, zu zerstreuen oder an anderer Stelle Qi zu sammeln.

Auch diese Eigenschaft war Franz Anton Mesmer aufgefallen. Musik und Gesang verhelfen dazu, Räume ätherisch zu reinigen oder aufzuladen.

Die Glocken tragen am Ende eines Gottesdienstes das Vaterunser der betenden Gemeinde in die Welt: Schall bindet Äther und transportiert ihn, Äther bindet Geist (Information, in diesem Falle das Gebet).

15. Es gibt viele Äther

Die 15. Eigenschaft schließlich scheint der ersten zu widersprechen (*Es gibt nur ein Qi.*). Dennoch ist sie ebenso richtig. So wie es im Kern, sozusagen im Innersten der Schöpfung, nur ein Qi, nur einen Äther gibt, so offenbart er sich doch in der Materie stets in unterschiedlichen Aspekten, die als verschiedene Äther gedeutet werden können. Die Chinesen unterschieden z. B. das Qi des Himmels (oder Gast-Qi) vom Qi der Erde (gastgebendes Qi) und dem Qi des Menschen.

Franz Anton Mesmer unterschied eine negative und eine positive Kraft (oder Ebbe und Flut), also zwei polare Äthererscheinungen. Carl von Reichenbach erkannte ebenfalls diese Polarität, ergänzte sie aber durch eine Viererteilung: Bei einem Experiment mit Magneten wurde zunächst eine zweispitzige Kappe aufgesetzt. Im abgedunkelten Raum strahlte die eine Spitze eine blaue Flamme aus und die andere eine rote. Eine vierspitzige Kappe dagegen brachte vier verschiedenfarbige Flammen hervor, eine an jeder Spitze: blau, gelb, rot und grau-weiß.

So unterscheidet auch die anthroposophische Lehre vier Äther, die sie den vier Elementen Feuer, Erde, Wasser und Luft zuordnet und Wärme-, Lebens-, Klang- und Lichtäther nennt. Daneben kommt auch die Unterteilung in die sieben planetaren Äther oder die zwölf Äther (Sternbilder) vor. Uns sollen jedoch die vier Äther genügen, da man mit ihrer Hilfe eine ganze Reihe von Aussagen treffen kann. Um sie in ihrer Charakteristik unterscheiden zu können, seien die vier Elemente hier noch einmal beschrieben:

Das Element **Erde** steht der Materie am nächsten. Es ist Voraussetzung alles Lebendigen, daher nennt die Anthroposophie den »Erd-Äther« auch »Lebensäther«. Nach Ernst Marti schafft der Lebensäther eine Haut, die nicht vom Stoff und nicht von außen, sondern von inneren Bedingungen abhängt und Ausdruck des Innern ist.* So finden

* Ernst Marti: *Die Vier Äther – Zu Rudolf Steiners Ätherlehre. Elemente – Äther – Bilde-Kräfte.* Verlag Freies Geistesleben, Stuttgart 1990, S. 30

sich alle eigenständigen Einheiten, materielle wie geistige Organismen oder Wesen von einer Haut des Erd-Äthers umgeben oder in der anthroposophischen Sprache: »Der Lebensäther leibt«. Erde steht daher für die Form, für Schwere, für Traditionen und Realitätsnähe.

Das Element **Wasser** ist flüchtiger. Schon das materielle Wasser pendelt zwischen festem (Eis) und luftigem Zustand (Wasserdampf). Wasser steht für Emotionen, für Romantik, Melancholie und Träumerei.

Das Element **Luft** repräsentiert die Gedanken, das Denken, die Sprache und Kommunikation und damit die Vermittlung von Informationen, den Austausch, die Bewegung, den Raum und seine Überbrückung. In der Sprache der Anthroposophie: »Lichtäther raumt«.

Das Element **Feuer** schließlich ist warm, trocken, steht für Dynamik, Willen, Freude und Haß, für Herzenskräfte, Inspiration und geistige Kraft. Es ist das Element der Zeit.

Im Menschen repräsentieren die vier Elemente: Körper = Erde, Gefühle = Wasser, Verstand = Luft und Willen = Feuer.

Der Geomantieexperte Hans-Jörg Müller entwickelte auf der Grundlage der mentalen und der physikalischen Radiästhesie die so genannte Äther-Radiästhesie, bei der mittels resonierender Grifflängen u. a. die vier Elementeäther auch räumlich gemutet werden können. Nach Müller hat der Erd-Äther einen Drang nach unten und zur Dichte, der Wasseräther einen Drang nach unten und zur Seite, der luftige einen Drang nach oben und zur Bewegung (weshalb die erwähnten Tracklines als Luftäther definiert werden) und der feurige ebenfalls einen Drang nach oben. Auch Marko Pogačnik unterscheidet ätherische Linien in der Landschaft nach den vier Elementen. Im Körpergefühl ist der Erd-Äther vor allem als Druck und Schwere wahrnehmbar, der Wasseräther als Kühle und Feuchte, der Luftäther als Zug und Bewegung und der Feueräther als Wärme.

Aufbauend auf diese Eigenschaften und Unterscheidungen des Äthers können wir nun die geomantierelevanten Landschaftsphänomene näher betrachten.

Übersicht 7: Die vier Elemente und ihre Äther →

Übersicht 7: Die vier Elemente und ihre Äther

Element	*Äther*	*Aspekte*	*Wahrnehmung*	*Eigenschaft*
Erde	Erd-Äther (auch: physischer Äther, Lebensäther)	Voraussetzung des Lebendigen, schafft Haut, grenzt ab, Körper, Form, Schwere, Traditionssinn, Realitätsnähe	Druck, Schwere, Yin	Drang nach unten und zur Dichte
Wasser	Wasseräther (auch: Klang-, chemischer Äther)	pendelt zwischen Aggregatszuständen, Emotionen, Romantik, Melancholie, Träumerei	Feuchte, Kühle, Yin	Drang nach unten und zur Seite
Luft	Lüftäther (auch: Lichtäther)	Bewegung, Raum, Gedanken, Kommunikation, Sprache, Vermittlung und Verbindung	Zug (Luft-, Bewegungszug) Yang	Drang nach oben und zur Bewegung
Feuer	Feueräther (auch: Wärmeäther)	Dynamik, Wille, Freude und Hass, Herzenskräfte, Inspiration, geistige Kraft, Zeit	Wärme, Yang	Drang nach oben

Übung 5: Äther-Spür-Übung

Stellen Sie sich aufrecht hin. Ihr Kopf wird in Ihrer Vorstellung von einem unsichtbaren Faden gehalten, Ihr Steißbein von einem Gewicht nach unten gezogen. Atmen Sie entspannt.

Heben Sie Ihre Hände und halten Sie sie etwa in Brusthöhe so, daß die Handflächen zueinander zeigen. Die Hände sind etwa 40 cm auseinander. Ihre Augen sind geschlossen. Die Zunge liegt am Gaumen an. Stellen Sie sich nun vor, daß Sie durch Ihre Fußsohlen einatmen. Der Atem strömt die Beine empor zum Damm und von dort über das Steißbein die Wirbelsäule empor bis zwischen die Schulterblätter. Atmen Sie aus und stellen Sie sich dabei vor, Ihr Atem flösse von diesem Punkt zwischen den Schulterblättern die Arme entlang zu den Händen, und Sie würden durch die Handinnenflächen ausatmen.

Wiederholen Sie diesen Ablauf mehrmals: durch die Fußsohlen ein-, die Beine und den Rücken empor-, die Arme entlang durch die Handflächen ausatmen.

Vielleicht spüren Sie bereits nach einigen Atemzügen ein Kribbeln oder ein Wärmegefühl in den Handflächen. Atmen Sie stets weiter durch die Fußsohlen ein und durch die Hände aus.

Beginnen Sie nun die Hände in Zeitlupe aufeinander zuzubewegen, indem Sie mit der obigen Atmung fortfahren.

Sind die Hände nur noch wenige Zentimeter voneinander entfernt, so kehren Sie die Bewegung um und entfernen Sie die Hände voneinander, bis Sie in der Ausgangslage sind.

Atmen Sie zum Abschluß einige Atemzüge in den Bauch.

Vielleicht konnten Sie eine der folgenden Wahrnehmungen in den Händen empfinden: Wärme, Kühle, Kribbeln, Druck oder Widerstand beim Aufeinanderzubewegen der Hände; Druck oder Haftung beim Auseinanderbewegen der Hände. Dies sind Wahrnehmungen der Ätherebene.

Freie Ätherströme

Das Qi, der Äther ist überall. Er durchfließt die Landschaft und sammelt sich verstärkt an bestimmten Orten. Yang-Äther steigt nach oben (Luft, Feuer), Yin-Äther fließt nach unten (Erde, Wasser). Die Chinesen nannten solche Orte erhöhter Qi-Dichte »Drachennester« oder schlicht »xue« (Loch). Da Wasser Äther speichert, zeigen größere Flüsse und Seen oder gar das Meer einen starken Ätherreichtum an. Ebenso üppige Vegetation, die ja auch nur dort wächst, wo reichlich Wasser ist; Wüsten dagegen verweisen auf Äther-Mangel.

Davon abgesehen, lassen sich auf topographischen Karten die großen Ätherströme der Landschaft sehr gut ablesen. Kleben Sie mehrere Karten wie schon beschrieben zusammen und betrachten Sie die Karte wie ein Vogel die Landschaft aus der Luft. Sie sehen, wo Flüsse fließen und sich Städte entwickeln konnten – gute Indizien für Ätherströme. Aber auch entlang von Bergrücken fließen bestimmte ätherische Kräfte; vor allem die Yang-Äther (Feuer, Luft). Legen Sie ein Transparentpapier über die Karte und zeichnen Sie die entdeckten Ströme farbig ein. Verfahren Sie anschließend, wie in Übung 6 (s. u.) beschrieben, indem Sie sich intuitiv über die Karte ziehen lassen.

Übung 6: Ätherflüsse auf der Landkarte

Setzen Sie sich aufrecht hin (Faden am Kopf, Gewicht am Steißbein, Zunge am Gaumen). Atmen Sie in den Bauch und sammeln Sie dort ihre Aufmerksamkeit.

Machen Sie einen tiefen Atemzug, und während Sie ausatmen, lassen Sie mit dem Atem Ihre Aufmerksamkeit auf eine Landkarte vor Ihnen auf dem Tisch fließen. Spüren Sie die Präsenz der Landschaft. Folgen Sie mit Ihren Augen nun dem Landschaftsfluß (Höhen, Niederungen, Straßen, Flußläufe). Lassen Sie sich dabei innerlich ziehen. Stellen Sie sich vor, Sie seien ein Vogel und würden den breiten Ätherströmen folgend über die Landschaft gleiten. Atmen Sie zum Abschluß einige Atemzüge in Ihren Bauch und sammeln Sie sich dort wieder.

Kleinräumiger erfahren Sie die Ätherströme am ehesten vor Ort über Ihre Aufmerksamkeitslenkung. Stellen Sie sich auf einen Hügel oder in ein Tal und lassen Sie Ihre Aufmerksamkeit schweifen. Welche Orte fangen Ihre Aufmerksamkeit ein? Welche überfliegen Sie? Wird Ihre Aufmerksamkeit von einem Ort zum nächsten gelenkt?

Übung 7: Ätherübung in der Natur

Wählen Sie einen Ort für Ihre Übung (Hügel, Tal).
Stellen Sie sich aufrecht hin und atmen Sie in den Bauch. Sammeln Sie sich dort, und während Sie ausatmen, lassen Sie Ihre Aufmerksamkeit durch Ihre ganze Körperoberfläche nach draußen dringen. Atmen Sie entspannt weiter und beobachten Sie, wohin Ihre Aufmerksamkeit gezogen wird.

Wiederholen Sie die Übung mit offenen und geschlossenen Augen. Sammeln Sie sich zum Schluß wieder im Bauch.

Berg und Tal

Die Landschaft hat je nach Form und Lage eine unterschiedliche Wirksamkeit auf die vier Elemente-Äther. Vor allem der feurige Äther fließt die Berge hinauf und die Höhenrücken entlang.

Hans-Jörg Müller beschreibt sogenannte »Drachenrücken«. Das sind langsam ansteigende Höhenrücken, die sehr rasch abfallen, nachdem sie den höchsten Punkt erreicht haben. Entlang des Bergrückens sammeln sich hier vor allem die Ätherkräfte des Feuerelementes. Am höchsten Punkt des Drachenrückens, dem Drachenkopf, steht meist eine Pagode (in Asien) oder eine Kirche (in Europa). Im Feueräther erkennen wir den sich durch die Landschaft schlängelnden Drachen wieder. Die Kirchen sind meist St. Georg oder St. Michael geweiht, also Drachentötern, die mit ihrer Lanze den Drachen am Boden niederhalten. Die Lanze wird in der Vertikalen (Kirchturm) erkennbar. Beispiele solcher Bergformationen sind: Glastonbury Tor, St. Michael (Riegel), St. Michael

(Cleebronn) oder der Hohe Rechberg. Der vertikalen Achse folgend, steigen die feurigen Ätherkräfte oft nach oben und bilden so eine Himmel und Erde verbindende Achse (Lanze des Michael).

Abb. 20: Drachenrücken

In Tälern und Mulden dagegen sammeln sich vor allem die wäßrigen Ätherkräfte. Aber auch auf Waldlichtungen mit leichter Senke sind sehr oft kuppelartige Ballungen des Wasseräthers wahrnehmbar.

Der Erd-Äther kann vor allem in Höhlen, auf denen der Druck des Berges lastet, und in alten Steinbrüchen erspürt werden. Der Luftäther fließt im Wesentlichen mit Bewegungsprozessen mit (Flüsse, Bäche, Straßen, aber auch entlang langgezogener Täler).

Daneben haben ganze Landschaften eine Tendenz, von dem einen oder anderen Element vorherrschend bestimmt zu sein: In Mooren, an Seen und am Meer herrschen die Wasser-Kräfte des Äthers vor. Ebenso dort, wo das Grundwasser nahe an der Bodenoberfläche liegt. In Ebenen dagegen sind die luftigen Kräfte vorherrschend, ebenso in der Ebene des Meeres.

Hügelreiche und gebirgige Landschaften sind geprägt durch das Vorherrschen des Erd-Äthers, und spitze Formen bei Bergen, aber vor allem auch bei menschlicher Architektur, zeigen Feueräther an!

Da jedes Element gleichzeitig für einen bestimmten Charakter bzw. bestimmte Eigenschaften steht, prägen natürlich die Landschaften auch die hier lebenden Menschen und Volksgruppen: Ebenen (Luft) haben meist einen sehr mental veranlagten Menschenschlag, der verstandesmäßig orientiert ist. Berge sind die Heimat des bodenständigen, traditionsbewußten Menschentyps, der Neuerungen gegenüber skeptisch ist. Wasserlandschaften, die häufig auch sehr nebelreich sind, verleihen den hier lebenden Menschen einen Hang zur Romantik und Melancholie. Der Volkscharakter ist gefühlsbetont. Feuerlandschaften, oft Städte, wirken äußerst dynamisierend auf die hier lebenden Menschen ein. Das »Ich will« steht im Vordergrund – oft mit mangelnder Rücksicht auf die Umwelt.

Übung 8: Die vier Äther in der Landschaft

Vollziehen Sie die folgende Übung an verschiedenen Orten: Höhle, Senke, Berggrat bzw. Hügelkamm, langem Tunnel oder gerader Straße.

Stellen Sie sich aufrecht hin (Faden am Kopf, Gewicht am Steißbein, Zunge am Gaumen). Die Aufmerksamkeit im Bauch sammeln.

Mit einem tiefen Atemzug dehnen Sie Ihre Aufmerksamkeit auf den ganzen Körper aus (s. auch Übung 4, S. 62). Betreten Sie so aufmerksam eine Höhle, eine Senke, überqueren Sie einen Berggrat oder eine gerade Straße. Achten Sie auf Empfindungen wie Schwere und Druck (Erde), Zug und Bewegung (Luft), Kühle und Feuchte (Wasser), Wärme (Feuer).

Atmen Sie zum Abschluß einige Atemzüge in den Bauch.

Bergformen

Auf diese Weise können Sie nicht nur die seelische Wirkungsweise ganzer Landschaften, sondern auch enger Lokalitäten vorhersagen. Darüber hinaus haben bestimmte Bergformen eine Wirkung, die sich auf der Ebene der sieben planetaren Kräfte beschreiben läßt:

Spitze Berge resonieren mit Mars. Sanft geschwungene runde Bergformen korrespondieren mit Venus. Tafelberge entsprechen Saturn. Stark gewellte Berge verweisen auf Merkur-Qualitäten. Berge mit Mulden auf

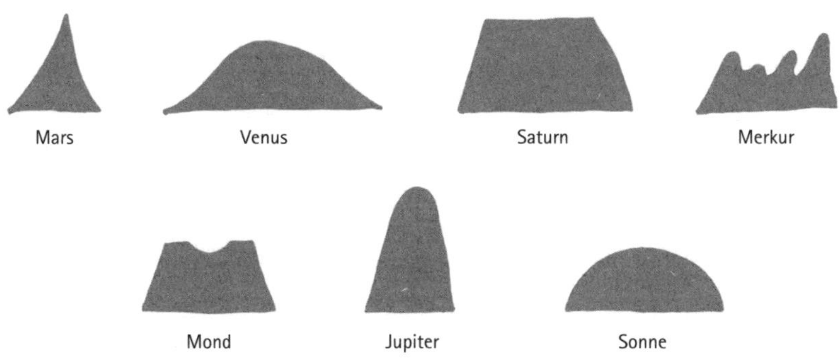

Übersicht 8 / Abb. 21: Bergformen und ihre planetare Wirkung

den Gipfeln (Tafelberge mit Senken) sammeln Mondkräfte. Hoch aufstrebende, aber runde Berge (z. B. Zuckerhut in Brasilien) stehen mit Jupiter in Resonanz und meist einzeln stehende Berge, die eine Zwischenform zwischen Venus und Jupiter darstellen und in optimaler Weise einer Halbkugel ähneln, reflektieren die Sonne.

Heiligtümer auf diesen Bergformen sind meist von der entsprechenden planetaren Kraft des Berges geprägt.

Die Kraft des Wassers

Das, was wir als Wasser bezeichnen, ist zumeist nur noch toter Stoff. Zwar chemisch rein, aber biologisch tot und bar jeder ätherischen Kraft. Wir pressen das Wasser durch enge Kanäle oder Rohre oder lassen es in toten Becken stehen. Wasser aber will leben, will springen, kreiseln, sich bewegen! Dabei verliert es keine Energie, sondern lädt sich mit der ätherischen Kraft auf. Viktor Schauberger erkannte diese Tatsache und benannte drei Faktoren als Kriterien, unter denen sich Wasser auflädt:

- Die optimale Temperatur liegt bei 4°C.
- Lebendiges Wasser wirbelt.
- Vollmondnacht.

Abb. 22: Flowform
Das Wasser wird in eine abwechselnde Wirbelbildung versetzt und beginnt dadurch zu pulsen.

Durch ausreichende Beschattung und die notwendigen Verwirbelungen können wir auch heute noch Gewässer zu energetisch kraftvollen Ätherspeichern machen. Auf dieser Grundlage entwickelte z. B. John Wilkes seine bekannten »Flowforms«, die das Wasser in links- und rechtszirkularen Drehungen verwirbeln, ins Schwingen bringen und ätherisch anreichern.

Sie erkennen den Qi-Mangel eines Gewässers im Extremfall am

schalen Geschmack, am abgestandenen, neutralen oder gar fauligen Geruch und am Ekelgefühl, das Sie überkommt, wenn Sie sich (gedanklich) hineinbegeben, auch wenn es äußerlich sauber scheint. Eine gute Methode ist das Einspeicheln: Nehmen Sie etwas Wasser in den Mund und speicheln Sie es ordentlich ein. Welcher Reflex entsteht als erstes? Ausspucken oder herunterschlucken?

Energiereiches Wasser dagegen riecht frisch und kühl, ist von erfrischendem Geschmack und lockt zum Baden. Jedoch gibt es auch viele Übergänge zwischen eindeutig energielosem und energiereichem Wasser. Hier wird es oft schwierig, nur die eigene Wahrnehmung zu bemühen. Deshalb haben sich bildgebende Methoden entwickelt, die energetische Qualitäten des Wassers sichtbar werden lassen. Zum einen ist dies die Wasserkristallphotographie, wie sie Masaru Emoto propagiert, zum anderen die Dunkelfeldmikroskopie (weitere sind u. a. die Steigbild- und Tropfenbildmethode). Bei der ersten Methode werden Wassertröpfchen quasi schockgefroren, bei der zweiten wird ein Wassertropfen auf eine Trägerscheibe getropft und getrocknet. Je nach Energie- und Informationsgehalt zeigen die Bilder dann mehr oder weniger Strukturen. Problematisch an beiden Methoden ist die Eigenschaft des Wassers, u. a. auch auf Gedankenprozesse zu reagieren. Daher besteht ein beständiger Unsicherheitsfaktor, ob das Abbild den Urzustand des zu testenden Wassers widerspiegelt oder ob sich z. B. die Gedanken des Testers mit manifestiert haben. Zudem ist ein bildgebendes Verfahren abhängig von der individuellen Interpretation des Betrachters. Es gibt keine objektiven Faktoren, die besagen, was ein »schönes« und was ein »langweiliges« Bild ist.

Während Seen eher Energiespeicher darstellen, wirkt fließendes Wasser als Energiefluß. Mit etwas Übung kann man sogar für ein Gewässer das vorherrschende Element anhand der Wellenformen herauslesen:

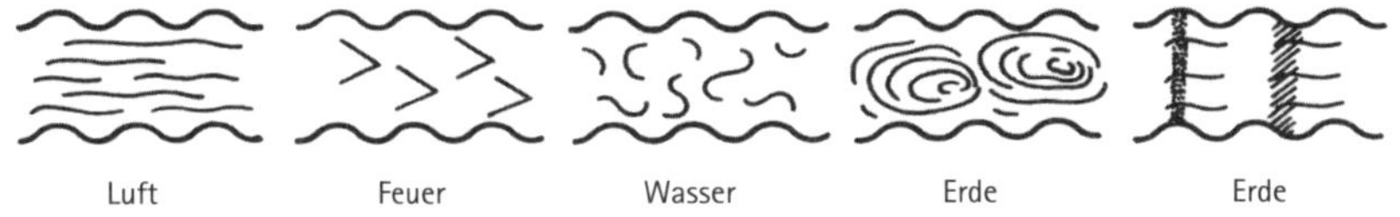

Übersicht 9 / Abb. 23: Das wirkende Element im Wasser

Längere Wellenlinien, die mehr oder minder parallel zur Flußrichtung laufen, deuten auf Luft hin. Sich überschneidende Wellenformen, die dreieckige Muster bilden, verweisen auf das Feuerelement. Breite, relativ harmonische Wellenberge, vorherrschend quer zur Flußrichtung oder Wellenringe bezeichnen Erde. Starke Mischformen und kleinwelliges Wasser lassen das Wasserelement erkennen.

Bäume als Kraftpumpen

Bäume sind menschengleiche Wesen oder, wie C. G. Jung schreibt: »Der Baum ist sozusagen eine Wandlungsform des Menschen...«.* In vielen Mythen entstehen Menschen aus Bäumen oder werden wie Philemon und Baucis in solche verwandelt. Wie der Mensch stellt der Baum sozusagen eine lebende »Axis mundi«, eine Weltenachse, dar. Der Baum hat in einem gewissen Rahmen die Fähigkeit, kreativ mit den ätherischen Kräften umzugehen. Allgemein kann man sagen, daß Bäume riesige Ätherpumpen darstellen. Sie ziehen ätherische Kräfte aus dem Kosmos in die Erde und bringen irdische Kräfte empor. Bäume tragen dadurch auch auf der ätherischen Ebene zur Reinigung und Harmonisierung unserer Umwelt bei: Sie wälzen die durch die Emotionen des Menschen verbrauchten Ätherkräfte um und erneuern sie.

In Abhängigkeit von ihrer Wuchsform erzeugen Bäume auch bestimmte Elemente-Äther und verbreiten sie in ihrem Umfeld. Die (Trauer-) Weide z. B. erzeugt durch ihren hängenden, welligen Habitus vor allem wäßrige Kräfte. Eine Gruppe solcher Bäume (auch z. B. Hängebuche) erzeugt ein starkes Feld wäßrigen Äthers, das das Gemüt anspricht (Romantik, Melancholie). Die lichte Birke dagegen zieht unseren Blick in die Höhe, zwischen ihren Zweigen hindurch. Sie ist der Prototyp des luftigen Baumes, der das mentale Element anspricht. Birkenhaine sind Orte der Poesie (weitere Bäume: z. B. Birne). Alle Säulenformen – wie die Säulenpappeln – erzeugen vor allem Feueräther, der sich an ihren Spitzen sammelt. Napoleon setzte sie gerne für seine Alleen ein, um den Schritt und den Willen seiner Soldaten zum Sieg zu kräftigen.

* Carl Gustav Jung: »Der philosophische Baum«; in: *Gesammelte Werke Bd. 13*, Freiburg/Brsg. 1978, S. 364

Erdäther finden wir vor allem unter der heiligen Eibe, die ja auch der heilige Grenzbaum ist. Sie ist von einer schwer zu übertreffenden Bodenständigkeit und Schwere (viel mehr als die Eiche, die ja auch sehr licht ist). Viele Menschen empfinden unter Eiben einen kaum zu ertragenden Druck.

Gerade bei den Bäumen ist die Einteilung in die sieben Planeten geradezu klassisch. Übersicht 11 gibt eine Aufstellung der Zuordnungen der bekanntesten Autoren wieder. So ist die Esche der klassische Sonnenbaum, Nadelhölzer (Fichte, Tanne) erzeugen saturnische Qualität, und die Ulme ist der Merkur-Baum, während der Ahorn für Jupiter steht.

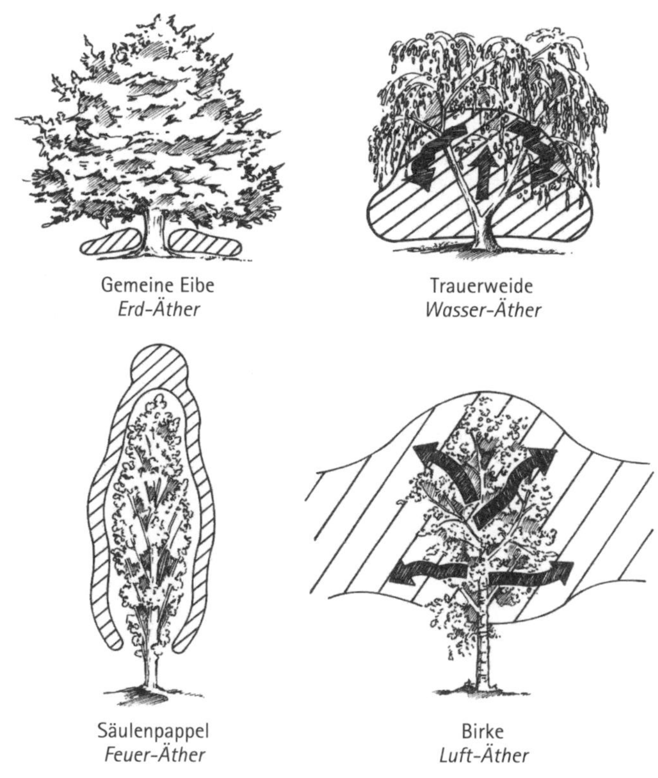

Übersicht 10/Abb. 24: Ätherwirkung der Bäume

Bäume sind daher auch Spiegel unserer Gesellschaft. Wir begrenzen unsere Gärten mit Saturnbäumen (Thuja, Fichte) und sagen damit: »Laß mich in Ruhe! Ich ziehe mich zurück.« In der Leistungsgesellschaft unserer Städte gedeihen nicht nur Yuppies, (manchmal auch »Juppies« geschrieben = von Jupiter!), sondern auch der Ahorn, der Jupiterbaum, prächtig. Er bestimmt unser Straßenbild. Und es wundert nicht, daß die Ulme (Merkur) im 20. Jahrhundert durch die »Holländische Ulmenkrankheit« an den Rand der Existenz gedrängt wurde, spiegelten sich doch darin unsere mangelnde Herzenskommunikation und zwischenmenschliche Austauschbereitschaft wider. Interessanterweise verbreitete sich zur selben Zeit die Massenkommunikation: Das Gespräch erstarb zugunsten des Geplappers.

So können uns Bäume einiges über die am Ort vorherrschenden Kräfte sagen, seien sie natürlich oder menschlich gewollt.

Übersicht 11: Planetare Wirkung der Bäume*

Baum	Agrippa	Culpeper	Steep	Steiner	Salocher	Strassmann
Ahorn		Jupiter	Jupiter		Jupiter	**Jupiter**
Apfel	Jupiter			Jupiter		**Venus**
Birke		Venus		Venus	Venus/ Neptun	**Venus**
Buche		Saturn	Jupiter	Saturn	Saturn	**Saturn**
Eiche			Mars	Mars	Jupiter	**Mars**
Esche	Sonne	Sonne		Sonne	Sonne	**Sonne**
Feige	Jupiter		Venus			**Venus**
Haselnuß		Merkur				**Merkur/** Venus
Kiefer/Föhre		Saturn	Saturn		Mars	**Saturn/** Merkur
Kirsche		Venus		Mond		**Mond/** Venus

Baum	Agrippa	Culpeper	Steep	Steiner	Salocher	Strassmann
Lärche			Saturn		Mars	Merkur/ **Saturn**/ Jupiter
Linde				**Venus**	Mond/ Venus	Sonne/ Mond/ Jupiter
Pappel	**Jupiter**	Saturn				Saturn
Platane		**Venus**				
Roßkastanie	Jupiter	Jupiter		Venus	Sonne/ Jupiter	**Jupiter**/ Mars
Tanne/Fichte	Saturn		Saturn	**Saturn**	Mars	Mars/ Venus/Mond
Ulme		Saturn		Merkur	Merkur	**Merkur**
Walnuß		Sonne	Sonne		Jupiter/ **Uranus**	Merkur/ **Sonne**
Weide		Mond	Mond			**Mond**
Weinstock	Sonne	**Sonne**				

* Agrippa von Nettesheim: *De occulta philosophia.* 1533

N. Culpeper: *The English Physitia Enlarged with 369 Medicines, Made of English Herbs.* London 1656

J. Chr. Steep: *Coelum sephiroticum Herbaeorum.* London 1679

Rudolf Steiner: Verschiedene Schriften, z. B. *Landwirtschaftlicher Kursus,* 1924

Peter Salocher und Dieter Buchser: *Enertree – Heilung durch die Energie der Bäume.* München 1996

Rene A. Strassmann: *Baumheilkunde.* Aarau 1994

Die vom Autor in der geomantischen Arbeit verwendeten Zuordnungen sind **fett** hervorgehoben.

Übung 9: Die Kraft der Bäume

Stellen Sie sich an einen Ihnen angenehmen Baum, zunächst mit dem Bauch, später mit dem Rücken zum Stamm. Stehen Sie aufrecht (Faden und Gewicht!). Die Zunge liegt am Gaumen (!), die Augen sind geschlossen. Umarmen Sie den Stamm. Atmen Sie in den Bauch und sammeln Sie sich dort. Machen Sie einen tiefen Atemzug, und während Sie ausatmen, fließt Ihre Aufmerksamkeit in den Stamm des Baumes. Spüren Sie nach, welche Emotionen der Baum in Ihnen erzeugt. Sind Sie Ihnen angenehm, so fahren Sie wie folgt fort:

Sammeln Sie sich im Bauch und lassen Sie mit dem Ausatmen Ihre Aufmerksamkeit zum Damm sinken. Atmen Sie ein und stellen Sie sich dabei vor, daß Ihr Atem das Rückgrat hoch bis zum Scheitel fließt. Atmen Sie aus und lassen Sie die Energie die Vorderseite entlang zurück in den Bauch fließen. Halten Sie dabei unbedingt die Zunge am Gaumen.

Fahren Sie weiter fort, den Rücken empor einzuatmen und die Vorderseite hinab auszuatmen, bis Sie von der Qualität des Baumes gesättigt sind. Sammeln Sie sich noch einmal im Bauch und beenden Sie die Übung. Vergessen Sie nicht, sich beim Wesen Baum zu bedanken.

Versuchen Sie die Übung auch mit dem Rücken zum Stamm.

Die ätherische Kraft der Kräuter und Stauden

Wie die Bäume haben auch die nicht verholzenden Stauden einen Einfluß auf das Äthermilieu ihrer Umgebung. Lavendel z. B. fördert den Luftäther seines Umfeldes, Wegerich den Erd-Äther, die meisten Nelkenarten oder auch der Steinbrech das Feuerelement und die Kamille verströmt vor allem wäßrigen Äther (Übersicht 12 gibt einen kurzen Überblick. Siehe dazu auch mein Buch »Der Paradiesgarten«). So kann man aufgrund seines Bewuchses nicht nur Aussagen über den konkreten Ort treffen, sondern auch mittels Vegetationskarten neben der Beurteilung des Landschaftstyps Modifizierungen des Äthermilieus durch den Pflanzenbewuchs vorhersagen. Umgekehrt kann man in seinem eigenen Garten das Äthermilieu durch Stauden sehr leicht seinen Wünschen anpassen (s. a. das Kapitel *Der Garten als Brücke zwischen Innen und außen*).

Übersicht 12: Ätherwirkung der Kräuter und Stauden

ERDE

Spitzwegerich	*(Plantago lanceolata)*
Großer Wegerich	*(Plantago major)*
Mittlerer Wegerich	*(Plantago media)*
Rosen	*(Rosa ...)*

WASSER

Kamille	*(Matricaria chamomilla)*
Frauenmantel	*(Alchemilla vulgaris)*
Rossminze	*(Mantha longifolia)*
Katzenminze	*(Nepeta cataria)*
Echte Schlüsselblume	*(Primula veris)*
Beinwell	*(Symphytum europaeus)*

LUFT

Lavendel	*(Lavandula angustifolia)*
Zittergras	*(Brizza media)*
Ackerglockenblume	*(Campanula ranuncoloides)*
Seggen	*(Carex ...)*
Kuckuckslichtnelke	*(Lychnis flos-cuculi)*
Echtes Labkraut	*(Galium verum)*

FEUER

Steinkraut	*(Alyssum saxatile)*
Grasnelke	*(Armeria maritima)*
Karthäusernelke	*(Dianthus carthus.)*
Sonnenröschen	*(Helianthemum numm.)*
Johanniskraut	*(Hypericum perfloratum)*
Rosenmalve	*(Maiva aicea)*
Mauerpfeffer	*(Sedum acre)*

Die Organe der Landschaft

Der Äther besitzt nun nicht nur die Eigenschaft, topographiebedingt relativ frei über die Landschaft zu fließen oder lokal durch Bäume oder Stauden modifiziert zu werden, sondern auch, sich zu Einheiten höherer Ordnung zu organisieren. Es bilden sich dadurch ätherische Organe unserer Erde aus. Es sind dies lebendige Systeme, die sich nicht in starre Schemata pressen lassen, sondern veränderlich sind. Da die Erde wie der Mensch ein belebtes Wesen ist, eignet sich ein Vergleich dieser feinstofflichen Organe bei Mensch und Erde gut zu einem Funktionsverständnis.

Geomantische Zonen

Der Begriff »geomantische Zone« wird von verschiedenen Personen gänzlich unterschiedlich benutzt, um verschiedene Phänomene zu beschreiben. Es gibt hier keine allgemein gültige Terminologie. Ich weise daher ausdrücklich darauf hin, daß ich hier der Begrifflichkeit von Prof. Eike Georg Hensch folge sowie seiner Beschreibung des Phänomens, ohne jedoch seine Theorie zu übernehmen, um was es sich dabei handelt.

Nach Prof. Eike Georg Hensch sind geomantische Zonen in der Regel rechts-zirkulare, schwachenergetische Bündel elektromagnetischer Wellen mit bestimmten Wellenlängen in Form stehender Wände. Schwachenergetisch muß dabei relativ, im Sinne von physikalisch-technisch nicht nachweisbar, verstanden werden. Im geomantischen Sinne sind es durchaus hoch intensive Zonen.

Geomantische Zonen weisen eine ungerade Anzahl von Feldlinien auf (z. B. fünf, sieben oder neun parallele Linien), die sich aus einem Quellpunkt zigarrenförmig entwickeln und von dort aus parallel laufen.

Ich persönlich halte diese geomantischen Zonen allerdings für ätherische Erscheinungen. Ihre charakteristische Entstehungsform (oft auf Bergrücken oder an Menhiren) aus einem Quellpunkt heraus entspricht einerseits dem Einströmen des Ätherischen wie von Marco Bischof beschrieben: »Die Krümmung des Raumes ... bewirkt, daß sowohl in der Umwelt als auch im Organismus bestimmte geometrische Raumpunkte ... zu bevorzugten ... Quellorten für das Einströmen ... des Ätherischen

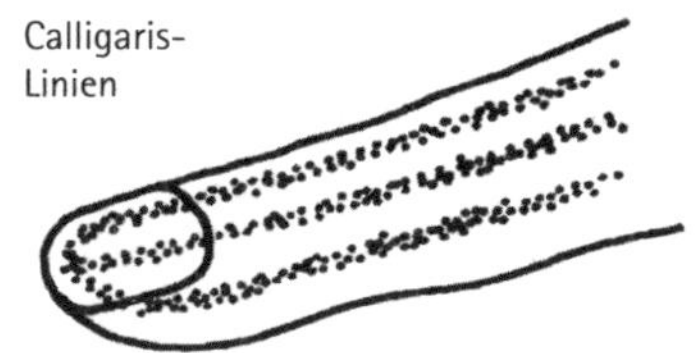

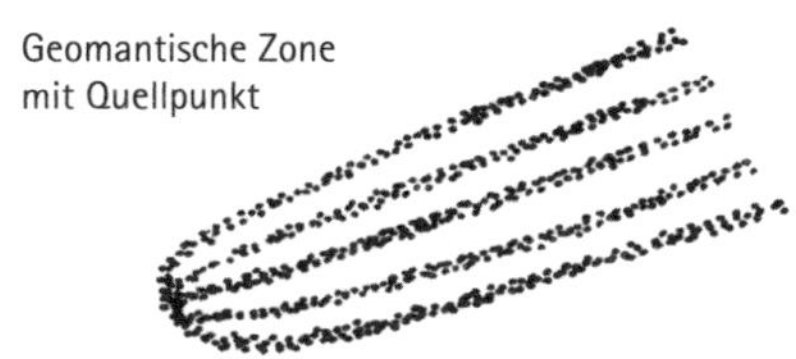

Abb. 25 : Calligaris-Linien und geomantische Zone mit Quellpunkt (nach Prof. Eike Hensch)

in die physikalische Dimension ... werden.«* Andererseits gleichen sie den Linien des Dr. Calligaris auf der Hautoberfläche menschlicher Körper, die ebenfalls ätherischer Natur sind (Abb. 25).

Ätherlinien

Gerade im angelsächsischen Raum hatten Radiästheten wie Tom Graves oder Guy Underwood verstärkt gewunden verlaufende Reaktionszonen gefunden (Undergrounds, Overgrounds, Tracklines, Aquastate). Ohne auf weitergehende Unterteilungen einzugehen, kann man sagen, daß es sich dabei um Linien handelt, die in Form von – mittels der Ätherradiästhesie nach Hans-Jörg Müller – abtastbaren, dreidimensional geformten Zonen (Röhren, im Querschnitt ellipsoide Formen) das Land durchziehen. Sie können in der Regel nach den vier Elementen Feuer, Luft, Wasser und (bedingt) Erde gruppiert werden. So begleiten z.B. Aquastate häufig überirdisch oder unterirdisch fließende Wasser und bilden sich aus Luftäther (Bewegungsäther). Sehr oft spiralisieren sie sich aber – auch unabhängig von real fließendem Wasser – an den Enden ein bzw. aus. (Es sei hier

Abb. 26: Meridian (Lungenmeridian) (links) und Ätherlinie (hier ein Aquastat) (rechts)

* Marco Bischof: *Biophotonen – Das Licht in unseren Zellen.* Zweitausendeins, Frankfurt 1996, S. 422 f

noch einmal an das Äthergesetz Nr. 4 »Wirbel« erinnert!) Hier finden sich sehr oft Zentren von Naturwesen. Bei den erwähnten Tracklines handelt es sich ebenfalls um luftigen Äther, der als Spurrille in der ätherischen Ebene eines Ortes häufig begangene Wege bezeichnet (Äthergesetz Nr 10).

Sind die geomantischen Zonen vergleichbar den Calligaris-Linien, so stellen die Ätherlinien ein Pendant zu den Meridianen des menschlichen Körpers dar. An bestimmten Stellen besitzen die Ätherlinien Resonanzzonen ähnlich den Akupunkturpunkten der Meridiane. Einfache Ätherlinien stellen in erster Linie Verbindungen zwischen korrespondierenden Punkten oder Orten dar.

Leylines

Auch der Begriff der »Leys« wird vielerorts absolut unterschiedlich genutzt. Im ursprünglichen, von Alfred Watkins geprägten Sinne, ist eine Ley ein Alignement, eine lineare Ausrichtung von bedeutungsvollen, meist heiligen Orten. In England entdeckte Alfred Watkins 1921, daß wichtige kulturelle Bauwerke wie Kirchen oder Burgen oft entlang schnurgerader Wege oder Pfade liegen. Er hielt diese Wege daher zunächst für neolithische Handelswege, die durch Landmarken wie Brücken, hohe auffällige Berge, heilige Stätten und aufrecht stehende Steine (Menhire) markiert waren. Ähnlich den mitteleuropäischen Urwegen sollen hier steinzeitliche Menschen natürliche Furten und Schneisen durch Eingriffe ausgeweitet haben, um so erste Wege zu schaffen. Mit intensiverer Forschung aber kam Alfred Watkins zu dem Schluß, daß es sich bei diesen Alignements um mehr handeln mußte, denn die Wege liefen oft schnurgerade – ohne Rücksicht auf Höhenunterschiede – auf Bergspitzen zu und waren daher als reine Handelsstraßen ungeeignet. Vielmehr schienen sie eher einen sakralen Zweck zu erfüllen.

Alfred Watkins benannte diese linearen Systeme mit dem Wort »ley«, einem angelsächsischen Begriff, der zunächst »Wiese, Weide« oder »Brachland« bedeutet. Ihm war aufgefallen, daß Orts- und Flurnamen mit dem Suffix *-ley* sich nahe bei und auf den Linien häuften. Watkins vertrat schließlich die Auffassung, das Wort rühre von den schneisenartigen

Lichtungen auf diesen Linien her. Wie in der mitteleuropäischen Theorie der Urwege sollen es natürlicherweise waldfreie Stellen gewesen sein, die sich für erste Pfade und Wege besonders eigneten. Die Frage nach der Ursache dieser natürlichen Bewuchsfreiheit wurde allerdings nicht gestellt, denn als Wege kamen z. B. Stellen, die so feucht waren, daß hier kein Baum wuchs, nicht in Frage.

In Frankreich bezeichnet das Wort »laie« ebenso Wege und Pfade, was diese Theorie bestätigen würde. Interessant ist, daß das Wort Ley in England oft mit Licht assoziiert ist (vgl. »Lichtung« im Deutschen). Es wird damit eine Brücke geschlagen zu den Forschungen des deutschen Geographen Josef Heinsch, der ebenfalls entdeckte, daß Orte mit dem Suffix »-rode«, »-rade« oder »-rot« in Deutschland oftmals Plätze bezeichnen, die untereinander in einer linearen Beziehung stehen. Heinsch führte dies zurück auf das alte germanische Rastenmaß der Rute. So mußten z. B. die Orte von Femegerichten »up roder Erde gemaket«, also vermessen sein. Möglicherweise wurde also zunächst dort gerodet, wo der Platz nach sakralen Prinzipien vermessen worden war.

Demnach sind jene Leys oder Leylines ein Netzwerk von geraden Linien, denen eine spirituelle Kraft zugeschrieben werden muß. Uneinigkeit herrscht bislang im Lager der Ley-Forscher (auch »ley-hunter« genannt) über die Ursache oder innere Struktur jener Linien.

Die Navajo-Indianer glauben, derartige gerade Wege, die es auch in Amerika gibt, seien nicht wirklich Straßen, sondern vielmehr Tunnel, in denen man reisen könnte, und in Bolivien reihen sich entlang solcher Leys heilige Stätten, die die Indianer als Stätten der Geister verehren, die sie »Mal'Ku« nennen.

Diese Auffassung hat eine frappierende Ähnlichkeit mit gewissen Sagen aus Irland und Island, wonach es unsichtbare Wege gibt, die prähistorische Grabhügel und alte heilige Stätten verbinden und auf denen die Feen wandern.

Der englische Wissenschaftler Paul Devereux gelangte schließlich durch eigene ethnologische Studien zu dem Schluß, es müsse sich um Wege des Geistes handeln. Diese Theorie kann durch Beobachtungen in China bestätigt werden. Hier heißt es, auf langen geraden Straßen würden Geister wandeln. So führt eine mehrere Kilometer lange Straße, flankiert von steinernen Wächtern und geschmückt durch mehrere Tore, zu den Kaisergräbern nördlich von Peking, den Ming-Gräbern. Diese Straße wird »shen-dao« (Geisterweg) genannt.

Im Feng Shui werden daher solche geraden Straßen (wie übrigens auch in der Tradition Irlands) gemieden. Die Auffassung ist, daß sich entlang gerader Wege das Qi dem Wasser vergleichbar sammelt und wie in einem Kanal mit erhöhter Geschwindigkeit abfließt.

Dennoch liegen in China Gräber, Tempel und kaiserliche Paläste entlang solcher Achsen. Der erste bekannte überlieferte Text für die Anlage chinesischer Städte ist der im 1. Jh. v. Chr. von Liu-Hsiang verfaßte »K'ao-Kung Chi«. Er bildet das Vorbild für die Anlage der Hauptstadt. So liegt auch in Beijing (Peking) die kaiserliche Verbotene Stadt auf der Hauptachse der Stadt, obwohl oder gerade weil hier das Qi verstärkt fließt.

So bildete sich auch in der europäischen Leyforschung die Ansicht heraus, Leylines seien Linien der Kraft, auf denen ätherische Kraft flösse. Erstmals wurde diese Auffassung in dem 1936 erschienenen Roman »The Goat-Foot God« von Dion Fortune vertreten. Forscher wie Guy Underwood oder Tom Graves vertraten schließlich die Auffassung, Leylines könnten mit der Wünschelrute geortet werden, ja, jene Energie, die die Wünschelrute zucken ließe, sei die nicht-physische Realität hinter dem Ley-System.

Der slowenische Geomant Marko Pogačnik geht noch weiter und beschreibt Leylines als Meridiane der Erde, entlang derer sich vitalenergetische Energie (Äther oder Qi) bewegen würde, um die Landschaft mit ätherischer Kraft zu versorgen.

Sind Leys nun Wege des Geistes oder Linien der Kraft? – Ein Widerspruch, der nur scheinbar ist, denn, wie die Chinesen selbst behaupten, müssen die Toten, d. h. die Seelen der Verstorbenen, gut mit Qi versorgt sein. In altägyptischer Vorstellung essen die Toten Luft. Sie müssen dies tun, damit sich ihr Luftkörper (Ätherkörper) erhält und sie sich nicht auflösen. Offenbar benötigt der Geist des Menschen eine Hülle aus luftartiger Substanz – wir erinnern uns, Qi bedeutet zunächst einfach »Luft« oder »Atem« –, um in der Materie agieren zu können.

Das Qi stellt quasi den Mittler dar zwischen der Welt des Geistes und der Welt der Materie. In Australien nennen die Aborigines diese Kraft

Abb. 27: Hauptmeridian (links) und Leyline in der Landschaft (rechts)

daher »Guruwari« – Geistsubstanz. Ja, ähnlich der europäischen Auffassung der Leylines behaupten sie, die Heroen der Traumzeit hätten bei ihren Wanderungen durch das Land eine immaterielle Schleimspur – Guruwari – hinterlassen, und diese Spur sei noch heute wahrnehmbar. Leys können somit beides sein: Linien der Kraft, Qi-Bahnen und Energielinien auf der einen Seite und Wege des Geistes und der Geister auf der anderen Seite.

In dem hier geschilderten Sinne beschreibt die Leyline auch nach Marko Pogačniks Ansicht daher ein ätherisches Phänomen, so daß die ursprüngliche Watkinsche Ley als materiell sichtbare Ausgestaltung allgemein energetischer oder geistiger Linien verstanden werden kann (also auch Gitternetze und geomantische Zonen), während die Leyline im hier verwendeten Wortsinn nurmehr ein bestimmtes energetisches Phänomen ist. Leylines zeichnen sich gegenüber den einfachen Ätherlinien dadurch aus, daß sie von einer Haut Erd-Äthers umgrenzt sind. Wie oben beschrieben, können sie damit als belebt gelten (»Lebensäther leibt«). Leylines sind demnach von ätherischen Kräften durchpulste Linien von hoher Intensität. Marko Pogačnik sieht in ihnen vorrangig den vitalenergetischen (= ätherischen) Aspekt, während der Geomantie-Forscher Paul Devereux ihren geistigen Aspekt beschreibt. Diese beiden Ansichten – Weg des Geistes contra Weg der Kraft – finden eine gemeinsame Ebene im Drei-Welten-Modell, wonach Geist stets den Äther benötigt, um räumlich oder zeitlich wirksam zu werden. Im Menschen werden

Leylines damit vergleichbar mit den beiden Hauptmeridianen Diener- und Lenkergefäß bzw. dem Kundalinikanal. Hier pulst einerseits ätherische Kraft, andererseits sind daran aufs engste geistige Prozesse gekoppelt. In der daoistischen Auffassung transformiert sich Qi auf dem Weg durch den Rückenmarkskanal in »shen« (Geist).

Das klassische Symbol der Leyline ist der Drache, der – wiederum vergleichbar mit der Kundalinischlange – die Landschaft durchkriecht. Andere Sagen (siehe das Kapitel *Was Sagen verraten*) verweisen auf Totenlinien, denn viele Sagen erzählen von den Toten, die auf diesen Zonen wandeln sollen.

Vertikalphänomene

Wenn die Leylines vergleichbar mit den Hauptmeridianen bzw. dem Kundalinikanal sind, so verbleiben als Organ die daran aufgereihten Chakren oder Dantiens. Im menschlichen Körper handelt es sich dabei um Energieknotenpunkte, die von größter Wichtigkeit sind, einerseits für die intakte Funktion des Organismus, andererseits für die geistig-spirituelle Entwicklung des Menschen. In historischen indischen oder chinesischen Zeichnungen werden diese Zonen oft als zu den Hauptmeridianen rechtwinklig eintretende Kanäle oder Trichter dargestellt. Ebenso besitzen die Leylines Chakren, die eine vertikale Verbindung aufweisen.

Wie die Leylines, sind solche als »einstrahlende Punkte« bezeichneten Vertikalachsen umgeben von einer Haut aus Lebensäther (Erd-Element). Diese Einstrahlpunkte werden v. a. mit dem in Sagen, Mythen und Legenden häufig auftauchenden kulturhistorischen Phänomen der Weltenachse (»axis mundi«) in Verbindung gebracht, die in Form des Weltenbaumes, der Himmelsleiter o. ä. hier symbolisch wiedergegeben wird. Aber auch die von Marko Pogačnik beschriebenen Ein- und Ausatmungspunkte sowie Ausgießungszentren des Erdkörpers gehören in diese Kategorie der Vertikalen.

Die Vertikalen stellen die eigentlichen Eintritts- oder Quellpunkte geistiger Kräfte in den Erdorganismus dar, wie die Chakren die Pforten geistiger Impulse für den Menschen sind. Sie sind vergleichbar mit der von Frances Nixon in den 1960er Jahren entdeckten »vivaxis«. Der

Abb. 28: Chakren-Trichter (links) und Vertikalphänomene in der Landschaft (rechts)

Begriff Vivaxis könnte mit »Lebensachse« übersetzt werden. Dabei handelt es sich der Theorie nach um eine magnetische Ausrichtung der Moleküle und der Knochen, die das charakteristische Muster des geographischen Geburtsortes annimmt. Bei der so orientierten Achse handelt es sich nach Nixon um eine ätherische, real verbleibende Präsenz der Lebensachse, quasi einen persönlichen Inkarnationsort.

Naturwesen

Marko Pogačnik bezeichnet die Natur- oder Elementarwesen als die Gefühlsebene der Erde. Formal betrachtet, handelt es sich um eine aus einer der vier Elemente-Äther zusammengesetzte Ätherballung, die von einer Haut aus Lebens- = Erd-Äther umgeben ist. Da die Haut geschlossen ist, handelt es sich um eigenständige Wesen, die in einem gewissen Rahmen frei agieren können, deren Intelligenzebene allerdings der menschlichen Gefühlsebene entspricht. Oft sind die Naturwesen an vorhandene physikalische Strukturen gebunden (Wasserader-Kreuzungen, Bäume) oder zumindest mit diesen verbunden. Diese Strukturen stellen daher im weitesten Sinne ihren physischen Körper dar. Für den englischen Biologen Rupert Sheldrake sind Naturwesen morphogenetische Felder höherer Ordnung, die untereinander in Kommunikation stehen. Naturwesen bilden damit den Übergang zur geistigen Ebene eines Ortes.

Das Erkennen des ätherischen Kraftortes

Da der Äther Auswirkungen auf beiden Realitätsebenen (Geist und Materie) hat, ist eine starke Ätheraktivität auch ganz materiell ablesbar. Wenn Sie einer starken ätherischen Aktivität oder Präsenz an einem Ort nicht durch eine der oben beschriebenen Übungen gewahrwerden, dann immer noch durch eine Betrachtung der Pflanzenwelt. Besonders Bäume bilden hier sehr häufig fast symbolisch zu nennende Verwachsungen wie Äste, die zum Kreuz verwachsen, sogenannte Baumehen (das Verwachsen zweier Baumindividuen miteinander) bis hin zu absonderlich geschwungenen Stammformen (Abb. 29) oder gar anthropomorphen Erscheinungen (menschliche Gesichter oder Gestalten). Oft umschließen die Bäume ein vertikales Ätherphänomen und bilden so hohle Stämme beträchtlichen Alters, oder sie gabeln sich und verwachsen anschließend wieder, so daß Kreise in der Horizontalen gebildet werden, mit denen horizontal verlaufende Ätherlinien umschlossen sind. In der Regel aber werden bei starken Ätherballungen entweder unsere Emotionen stark angesprochen (Naturwesen), oder es kommt zu einem starken Körpergefühl wie Wärme, Kribbeln, Druck, Zug.

Abb. 29: Verwachsene Baumstämme (»Tanzende Bäume«) weisen auf starke Ätheraktivitäten am Kraftort hin

Weiterführende Literatur zum Kapitel

Serge Kahili King: *Erdenergien*. Lüchow Verlag, Freiburg 1995/2001

Marco Bischof: *Biophotonen – Das Licht in unseren Zellen*. Zweitausendeins, Frankfurt 1996/2005

Dr. Manfred Kubny: *Qi – Lebenskraftkonzepte in China*, Haug, Heidelberg 1995

Wilhelm Reich: *Äther, Gott und Teufel*. Nexus/Stroemfeld 1983

Bernd Senf: *Die Wiederentdeckung des Lebendigen*. Zweitausendeins, Frankfurt 1996/ Omega, Aachen 2003

Derek Walters: *Die Kunst des Wohnens. Bauen, Gestalten, Einrichten nach den Regeln der alten chinesischen Harmonielehre*. Scherz, Bern, München, Wien 1993/2005

Ernst Marti: *Die vier Äther. Zu Rudolf Steiners Ätherlehre. Elemente-Äther-Bildekräfte*. Verlag freies Geistesleben, Stuttgart 1990

Marko Pogačnik: *Wege der Erdheilung*. Knaur, München 1997/2001

ders. *Elementarwesen. Die Gefühlsebene der Erde*, Knaur, München 1995. Neuauflage: *Elementarwesen: Begegnung mit der Erdseele*. AT, Baden + München 2007

ders. und William Bloom: *Leylines und Ökologie*. Hagia Chora, Mühldorf 1996

Peter Salocher und Dieter Buchser: *Enertree - Heilung durch die Energie der Bäume*. Knaur, München 1996

Rene A. Strassmann: *Baumheilkunde*. AT, Aarau 1994

Renato Strassmann: *Heilkraft, Mythos und Magie der Bäume*. AT, Aarau 2006

Fred Hageneder: *Der Geist der Bäume. Eine ganzheitliche Sicht ihres unerkannten Wesens*. Neue Erde, Saarbrücken 2008

Paul Devereux und Nigel Pennick: *Leys und lineare Rätsel in der Geomantie*. M&T, Chur, St. Gallen, Zürich 1991

Die geistige Ebene des Ortes

Wenden wir uns nun zuletzt der geistigen Ebene eines Ortes und ihrem Erkennen in der Landschaft zu. Da die geistige Ebene nicht unmittelbar materiell wirksam ist, sondern den Äther als Mittler benötigt, können wir ihre Wirksamkeit bzw. Anwesenheit am ehesten über die Ätherebene erfahren. Das bedeutet: Ist, wie im vergangenen Kapitel beschrieben, eine hohe Aktivität auf der Ätherebene ablesbar (z. B. über Baumverwachsungen oder starke energetische Empfindungen), können wir meist auch auf die Anwesenheit einer geistigen Präsenz schließen, die diese Ätheraktivität verursacht.

Doch worum handelt es sich bei dieser geistigen Präsenz? Zum einen kann es eine scheinbar abstrakte, geistig-kosmische Gesetzmäßigkeit sein, die hier am Ort eine besonders starke Wirksamkeit entfaltet. An solchen Orten treten uns dann vermehrt Symbole, Zeichen, Analogien und Synchronizitäten entgegen, die mit einem oder mehreren kosmischen Prinzipien bzw. Gesetzmäßigkeiten zu tun haben. Dies kann z. B. das vermehrte Auftreten der Zahl Vier (oder einer anderen Zahl sein) – etwa in der Zahl von Baumstämmen, der Zahl auftretender Farben, Frequenzen, Maße, in Sagen und vielem mehr – oder auch des Urprinzips Yin bzw. Yang und vielen ähnlichen Prinzipien, die sich in den Lehren der Weltreligionen als Engel, Dämonen, heilige Zahlen und Farben oder dergleichen darstellen. Wichtig ist zu bedenken, daß uns diese geistige Kraft lediglich abstrakt erscheint, da sie von einer sehr hohen, undifferenzierten geistigen Ebene einwirkt.

Ist die Einwirkungsebene eine niedrigere, d. h. hat sich die wirkende geistige Entität als Emanation Gottes bereits weiter vom Ursprung entfernt, so erscheint sie uns persönlicher, mit Charaktereigenschaften behaftet, also lebendiger. Man kann dann von einer Präsenz eines Engels oder einer anderen personalen göttlichen Kraft sprechen. Solche stärker personalisierten geistigen Kräfte zeichnen sich für uns dadurch aus, daß man mit ihnen in der Regel geistig kommunizieren kann. Die bekannteste Art dieser geistigen Kommunikation ist das Gebet. Unterscheidbar werden diese beiden fließenden Stufen der Wirksamkeit bzw.

Präsenz geistiger Kraft vor allem in der Ätherebene. Die für uns abstrakter erscheinende höhere geistige Ebene zeichnet sich durch eine allgemeine ätherische Wirksamkeit wie z. B. starke Ätherströme aus (starkes Qi / Äther-Potential des Ortes).

Je persönlicher und damit je leichter verständlich und kommunizierbarer die geistige Kraft für uns wird, um so stärker fangen die ätherischen Kräfte an, sich zu differenzieren und zu organisieren. Man kann sagen, da sich die geistige Kraft weiter von der All-Einheit entfernt hat, differenziert sie sich immer mehr, erhält quasi Charakter, Persönlichkeit. Dadurch differenziert sich auch die Ur-Energie (Sie erinnern sich: Es gibt nur ein Qi!) stärker in ihre Aspekte (vier Äther, sieben Äther) und beginnt sich schließlich zu den Organen des Geistigen (Leylines, Einstrahlpunkte) zu organisieren. So werden derartige ätherische Phänomene, wie im vergangenen Kapitel beschrieben, zu Kanälen oder Anknüpfungspunkten der geistigen Welt.

Nähert sich die geistige Urkraft noch weiter der materiellen Ebene, so beginnt das nun präsente eigentliche geistige Wesen, eine komplette ätherische Haut zu entwickeln, die vollkommen geschlossen ist. Es hat sich damit als geistiges Wesen stark individualisiert. Der Nebeneffekt ist aber auch eine verstärkte Trennung von der geistigen Urkraft – von Gott. Schließlich kann es sich um vollständig unabhängige und flexible geistige Wesenheiten am Ort handeln (lichte Wesen aber auch dämonische) und nicht zuletzt auch um materiell körperlose, menschliche Wesen – also Seelen Verstorbener.

Dies kann nur ein kleiner, undifferenzierter Überblick über die Vielfalt und Wirksamkeit der geistigen Welt am Ort sein, da weitergehende Erklärungen komplexere geistige Weltmodelle benötigen, die den Rahmen dieses Buches sprengen würden. Dies sei mir daher an dieser Stelle verziehen.

Grundsätzlich können wir zwei Hauptwirkungen der geistigen Ebene unterscheiden: den »genius loci« und den »genius temporis«.

Der Genius temporis bezeichnet den Zeitgeist, also jene geistig wirksame Kraft, die die Wirkrichtung epochaler Kräfte bestimmt. Es gibt einen Ausspruch, der besagt: »Nichts ist stärker als eine Idee, deren Zeit gekommen ist!« Menschen, die am Zeitgeist quasi angeschlossen sind,

sind Trendsetter; sie machen Vorgaben, denen breite Bevölkerungsschichten bewußt oder unbewußt folgen.

Wichtig ist zu bemerken, daß der Genius temporis zunächst, wie oben beschrieben, durchaus als abstrakte Kraft aufgefaßt werden kann. Er kann sich damit positiv oder negativ, unterstützend oder schädigend für die Menschen auswirken. Es obliegt der menschlichen Freiheit, diese Richtung der Wirkkraft zu bestimmen. Ein Beispiel: Der Zeitgeist kann so beschaffen sein, daß sich die Menschheit verstärkt der Ratio zuwendet und ihren Verstand entwickelt. Den Menschen aber obliegt es, dieses Potential positiv oder negativ zu nutzen: Atombomben zu entwickeln oder sich mit Philosophie und Ethik auseinanderzusetzen. Natürlich läßt sich auch der Genius temporis in epochale Kräfte, Zeitkräfte oder Moden hierarchisch gliedern, sodaß durchaus Feinunterteilungen in Wirkungsort und -dauer entstehen.

In gewisser Hinsicht kann der Genius temporis räumlich faßbar werden. Betrachtet man z. B. das zentrale geomantische Phänomen des Omphalos (d. h. »Nabel der Welt, Mitte«), so erkennen wir, daß es zeitlich begrenzt immer wieder bestimmte Orte gab, die ein ganzes Volk oder eine ganze Kultur als ihre geistige Mitte ansahen. Nach einer bestimmten Ära erfuhren diese Orte einen Niedergang, und eine neue Mitte entstand. Solche geistigen Mitten waren und sind der Omphalos in Delphi, Golgatha, Rom, die Externsteine oder der Altarplatz des Himmeltempels in Peking.

Eine der schönsten geomantischen Sagen dieser Verortung des Zeitgeistes über einen Menschen ist folgende Sage über Karl den Großen, die ich mir erlaube, hier nachzuerzählen:

Der Kaiser Karl weilte einst in seiner Pfalz in Zürich. Nahe der Wasserkirche, einem zentralen sakralen Ort in Zürich, der wohl bereits aus keltischer Zeit stammte, stand eine Gerichtssäule mit einer Glocke. Wer immer einen Richterspruch wünschte, konnte an der Glocke schellen und ihn fordern.

Eines Tages schellte die Glocke, und der Kaiser schickte seine Diener nachzusehen, wer da einen Schiedsspruch wolle. Doch die Diener konnten niemanden entdecken. Es schellte jedoch ein zweites Mal. Wieder gingen die Diener hinaus und wieder konnten sie niemanden sehen, der einen Rechtsspruch wünschte. Als es aber ein drittes Mal schellte, ging der Kaiser Karl selbst hinaus, um nachzusehen. Da wurde er einer Schlange am Fuße der Säule gewahr. Der Kaiser fragte die Schlange, was sie wolle. »Eine Kröte«, so die Schlange, »hat sich in meiner rechtmäßigen Behausung in der Wasserkirche niedergelassen und mich vertrieben.« Karl der Große hörte sich alle Einzelheiten an und setzte die Schlange daraufhin wieder an ihrem angestammten Platz ein. Als Dank dafür warf die Schlange einen kostbaren Juwel in des Kaisers Kelch.

Diesen Stein schenkte er seiner Gemahlin. Es war aber ein magischer Stein, und von diesem Augenblick an war er seiner Frau mit ganzer Seele verfallen. Er ließ sie nie mehr von seiner Seite und nahm sie auf alle seine Amtsreisen mit. Eines Tages aber erkrankte seine Frau schwer, und als sie ihr Ende nahen fühlte, bekam sie Angst, eine andere Frau könnte in den Besitz des Juwels gelangen und Karl sie vergessen. Sie nahm daher den Stein in den Mund und verschied. Doch auch nach ihrer Bestattung konnte Karl von seiner Frau nicht lassen. Er ließ sie exhumieren und führte sie in einem prunkvollen Sarg mit sich. Dies machte einen seiner Ritter argwöhnisch. Er öffnete heimlich den Sarg und fand den Stein im Munde der Frau und entfernte ihn. Karl konnte von seiner Frau lassen und sie beerdigen. Von diesem Tage aber war der Kaiser seinem Ritter verfallen. Er wurde sein engster Vertrauter und wich dem Kaiser nicht von der Seite. Bald jedoch fing der Hofstaat an, über diese Beziehung zu munkeln. Dies war dem Ritter, der ein rechtschaffener Mann war, nicht recht, und bei einem Ausritt warf er den Stein weit fort in einen Sumpf. Von diesem Tag aber konnte Kaiser Karl von diesem Ort nicht mehr lassen. Er verbrachte dort jede freie Zeit und allmählich reifte in ihm eine Idee. Er ließ den Sumpf trockenlegen und gründete auf ihm das Aachener Münster – das heilige Zentrum seines Reiches.

Wir erkennen in dieser wunderbaren Legende, wie eine geistige Kraft oder Idee (Juwel) an einem bestimmten Ort (Wasserkirche), verbunden mit einem geomantischen Phänomen (Schlange = hier als Urkraft des Ortes), in einen Menschen einfallen kann (Kelch). Dieser sucht nun nach der Verwirklichung der Idee, nach einem Anknüpfungspunkt für diese Kraft. Nachdem er weder in der geschlechtlichen Liebe noch in der geistigen Verbundenheit zu einem Menschen einen solchen Fokuspunkt finden konnte, erkennt er ihn in einem Ort. Nach der Gründung des Münsters kann die geistige Kraft, deren Zeit gekommen ist, ihre Wirksamkeit materiell entfalten und wird zum Zentrum des Reiches.

Der Gegenpol zum Genius temporis ist der Genius loci, der Geist des Ortes. Er bezeichnet die ortsspezifische Kraft, die über die Zeit hinaus konstant bleibt. Es ist die geistige Urebene des Ortes, die sich als abstraktes Prinzip ebenso manifestieren kann wie als personifiziertes Wesen. So brachten die Römer dem Genius eines Ortes Opfergaben dar, und bei ihren Eroberungen versuchten sie durch Gebete und magische Handlungen, den Genius einer belagerten Stadt zu beeinflussen, damit er den Schutz des Ortes aufgab.

Wie der Genius temporis kann auch der Genius loci in verschiedenen Hierarchien als Genius eines Volkes, eines Landes, einer Stadt oder eines Platzes Wirkung entfalten. Genius loci und Genius temporis wirken gemeinsam. Sie werden z. B. in der Geschichte des Ortes erkennbar. So kann man einerseits regional übergreifend die geistige Zeitqualität in der Geschichte ablesen, andererseits gibt jeder Ort dieser Zeitqualität sein persönliches Gepräge, so daß z. B. in der Geschichte einer Stadt immer wieder verwandte Vorgänge und Geschehnisse auftauchen. Meist werden Genius loci und temporis als einheitliches Wesen betrachtet und verehrt. So kann es in der Geschichte eines Ortes oder Landes vorkommen, daß die so wirkende geistige Kraft beider Pole in der Form einer Gottheit verehrt wird. Nach einiger Zeit wechselt die Darstellung dieser Gottheit, jedoch bleiben dabei bestimmte Merkmale und Attribute der alten Gottheit erhalten. Der Genius temporis hat gewechselt, der Genius loci blieb.

Eine der einfachsten und zugleich schwierigsten Methoden, sich der geistigen Ebene eines Ortes zu nähern, ist daher die Betrachtung seiner Geschichte. Einfach deshalb, weil uns oft über das Archivmaterial einer Stadt ausreichend historische Fakten bereitstehen, schwierig, weil es oft mühselig ist, sie zu entschlüsseln und jene Gemeinsamkeiten zu finden, die den Genius loci charakterisieren. Ein Besuch im Archiv Ihrer Stadt lohnt auf jeden Fall. Besorgen Sie sich Bücher über die Geschichte Ihres Wohnortes und besuchen Sie das Heimatmuseum! Versuchen Sie jedoch dabei nicht, trockene Fakten in sich aufzusaugen oder auswendig zu lernen. Bemühen Sie sich lieber um die Realitätsebene hinter den Namen und Daten: Wie wurde die Stadt gegründet (durch Gewalt, aufgrund einer Vision, durch eine Heldentat)? Welche Ereignisse von zentraler Bedeutung markieren ihre Geschichte und wie stehen diese möglicherweise in einem geistigen Zusammenhang? Kennen Sie das Gründungsjahr des Ortes, der Stadt oder des zentralen Gebäudes, so kann auch eine astrologische oder standortastrologische Analyse (siehe dazu mein Buch *Das Haus als Spiegel der Seele*) wertvolle Informationen liefern. Die meisten Informationen werden jedoch in Symbolen verschlüsselt sein. Deswegen ist es notwendig, sich mit den Symbolen auseinanderzusetzen.

Götter und Heilige und ihre Bedeutung

Als Symbol für die geistige Kraft eines Ortes dienen in der Regel personifizierte Götter oder christliche Heilige. Auch hier bleiben Attribute der Götter- und Heiligenbilder ähnlich, auch wenn der Zeitgeist gewechselt hat und das Heidentum dem Christentum gewichen ist. So wurde der Gott Thor oder Donar durch eine christianisierte Form ersetzt, die alle Attribute ihres Vorgängers trägt: den Heiligen Donatus mit dem Blitz als Attribut. Selbstverständlich hat ein solcher Heiliger historisch nie existiert. Dennoch glaube ich, es wäre zu einfach zu sagen, das Volk wollte nur angestammte Traditionen weitertragen. Vielmehr zeigt sich im Wandel von archaischen gütigen oder zürnenden Naturgottheiten zum christlichen Fürsprecher auch ein geistiger Wandel der zeitbedingten Ortskräfte selbst (Genius temporis), ohne daß sich der Kern ihres Wesens geändert hätte (Genius loci).

Heidnische Götter-Lexika gehören daher ebenso zum Arbeitswerkzeug der Geomantie wie christliche Heiligenbücher. Im folgenden seien einige der wichtigsten Götterbilder und ihre christlichen Entsprechungen erläutert.

Die Große Göttin

Wie die Entwicklung eines Kindes in seinen ersten Lebensjahren geprägt ist von seiner Mutter, ja, das Kind in seiner frühesten Entwicklung sich nicht als von der Mutter getrennt erlebt, so war auch die Frühphase der Menschheitsentwicklung geprägt von der Verehrung der Großen Mutter, der »magna mater« – der all-einen Göttin. So steht in den ältesten Schöpfungsmythen oft eine Ur-Frau im Mittelpunkt, die nicht geschaffen, sondern selbst geworden und damit ewig ist.

Mit der fortschreitenden Entwicklung des Kindes erfährt es die Mutter in ihren unterschiedlichen Aspekten: liebend, nährend, zürnend und strafend, schützend, schenkend oder bestimmend. Wie Bruno Bettelheim in »Kinder brauchen Märchen« erläutert, kann das Kind all die vielen Gesichter der Mutter schlecht in einer Person vereinigen. Die schimpfende und strafende Mutter wird so im Bild der bösen Stiefmutter verkörpert, während die liebende, nährende und schenkende zur eigentlichen leiblichen Mutter wird.

Ähnlich kann man sich wohl auch die Denkweise des archaischen Menschen vorstellen. Er erfuhr die Große Göttin vor allem in der Natur mit ihren wandelbaren Kräften und teilte diese drei Ur-Aspekte der Magna Mater zu, die so zu den drei Göttinnen wurden.

Abb. 30: Die »Venus« von Willendorf ist ca. 30000 Jahre alt. Ein Abbild der einst verehrten Großen Göttin.

Bis heute hat unser kollektives Unbewußtes diese Ur-Dreiheit bewahrt, und so taucht die dreifaltige Göttin nicht nur in gallo-römischen Matronen, sondern auch in der christlichen Vorstellung wieder auf. Wir kennen nicht die Namen, die unsere Ahnen in matriarchaler Zeit diesen drei Wesensaspekten der Großen Göttin gaben, aber wir kennen die Namen, die ihnen von späteren Völkern gegeben wurden und die auch im heutigen Brauchtum überliefert sind. Es sind die drei Nornen, die drei Parzen,

Abb. 31: Die drei Beten Ambet, Worbet (hier »Querbet«) und Wilbet stellen die Dreigestalt der Großen Göttin dar. Sie finden ihre Entsprechung in Margarete, Barbara und Katharina.

die drei Beten Ambet, Borbet und Wilbet oder christlich Margarethe, Barbara und Katharina oder, in der Person Mariens, die Jungfrau, die Schmerzensmaria mit dem toten Christus im Schoß und Maria, die Nährende (im Christentum kaum bekannt, da verdrängt; s. u.).

Allen gemeinsam ist der Ursprung ihrer Farben – die Urfarben der Großen Göttin sind Schwarz, Weiß und Rot. So wurde auch der Storch zum Botentier der Großen Göttin, der die Seelen der ungeborenen Kinder von den Quellen und Teichen, den Toren zum Reich der Großen Mutter, zu den leiblichen Müttern trägt. Er trägt die Farben der Göttinnen: weißes Gefieder mit schwarzen Flügelspitzen und roten Beinen und Schnabel.

Die weiße Göttin

Die weiße Göttin ist die Jungfräuliche, Reine. Sie repräsentiert den Zustand vor der Schöpfung, das kosmische Prinzip, die allumfassende Ganzheit des Neubeginns und des Frühlings. Ihr kosmischer Aspekt führte dazu, daß sie im Christentum, das den Weg der Vergeistigung einschlug, besondere Verehrung genoß. Sie tritt uns als die Jungfrau Maria entgegen; besonders stark in der Vision der weißen Madonna von Lourdes in jugendlicher Gestalt.

Unter den Heiligen ist es vor allem die Heilige Barbara, die den weißen Aspekt der Göttin im Christentum vertritt. Sie gehört, wie ihre beiden Schwestern des Dreigespannes, Katharina und Margarethe, zu den Vierzehn Nothelfern der katholischen Kirche. Sie verkörpert den Zugang zu den Mysterien des Glaubens durch Stille und Kontemplation. Hierin zeigt sich ihr kosmischer Aspekt. Der Legende nach sollte sie zur Ehe gezwungen werden, was sie strikt ablehnte (jungfräulicher Aspekt). Deshalb ließ sie ihr Vater in einen Turm sperren und gab Befehl, zwei Fenster in die Wände einzuhauen. Als er jedoch von einer Reise zurückkehrte, waren es drei Fenster. Hierin erkennen wir ihren Ganzheitsaspekt (sie vollendet die Zweiheit zur Dreiheit). Dargestellt wird Barbara als meist weiße Frau mit dem Attribut des Turmes. Der Turm repräsentiert die kosmische Achse – den Einstrahlpunkt, wenn man so will – und damit die vertikale Verbindung von Oben und Unten, Yin und Yang, also die Ganzheit. Barbara ist ebenfalls Beschützerin vor Blitzen, der natürlichen »axis mundi«. Ihre Macht über den Tod (weißer Aspekt), der Schutz, machte sie auch zur Patronin des Wehrstandes (Artillerie).

Barbara stellt sich als eine christianisierte Form der Saligen Borbet dar, der Sonnengöttin, die über ihren Sonnenstrahl (Turm) die Verbindung von Geist und Materie schafft. Die keltische Silbe »borm« hat die Bedeutung von »warm, strahlend, leuchtend« und verweist damit auf die solare Bewußtseinskraft der Borbet (Bar-bette, Bar-bara).

Auch die Heilige Odilie oder Ottilie ist eine Repräsentantin der weißen Göttin. Wie Barbara sollte sie gegen ihren Willen vermählt werden, entzog sich dem aber durch Flucht. Oft tritt uns die weiße Göttin in den Sagen als weiße Frau entgegen, die, unschuldig ums Leben gekommen, an einem Ort umgeht oder den Weg zu (geistigen) Schätzen weist.

Die rote Göttin

Die rote Göttin ist die Göttin der Lebensfülle, die Gebärende und Nährende, die Göttin der sexuellen Kraft und der Fruchtbarkeit. Sie wird repräsentiert durch die Norne, die den Lebensfaden spinnt.

Ihr sexueller und körperlicher Aspekt, der im kosmisch orientierten, vergeistigten und damit die Materie fliehenden Christentum wenig Resonanz fand, führte dazu, daß die rote Göttin hier nur wenig, und wenn, dann nur sehr versteckt und verschämt, verehrt wurde. Sie tritt uns vielleicht am ehesten in der Urmutter Eva entgegen, der Mutter allen Lebens.

In der Dreiheit Mariens ist es die äußerst seltene Darstellung der Maria Lactans, der stillenden Maria, die den nährenden Aspekt der Göttin verkörpert.

Unter den Heiligen ist es z.B. Margarethe (Margaretha von Antiochia), die den roten Aspekt der Göttin weitertrug. Sie wurde am 21. Juli verehrt, einem wichtigen Merktag der Bauern und damit des Nährstandes. Als eine der Vierzehn Nothelfer wird sie bei Gebärschwierigkeiten angerufen, weil sie der Legende nach Gott unmittelbar vor ihrem Martertod gebeten haben soll, allen Müttern, die sich in ihrer schweren Stunde an sie um Fürbitte wenden, zu helfen. Wir erkennen darin ihren roten Aspekt, den auch schon Margarethes Ahnin, die Salige Ambet, die Erd-Mutter, vertrat.

Das Attribut Margarethes ist der Drachen. Drache und Schlange waren die heiligen Tiere der Großen Mutter, und erst mit Aufkommen des Patriarchats wurden sie zu den Tieren des Bösen, die durch männliche Heroen (Re, Zeus, Siegfried, St. Georg) getötet werden. Auch der Drache repräsentierte die Fruchtbarkeit, und das Umherstreifen der Ur-Schlange wurde mit der jahreszeitlichen Fruchtbarkeit gleichgesetzt. So glauben die Sinti und Roma an die Schlange des Lebens im Erdboden und folgen ihr bei ihren Wanderungen.

Der Drache bzw. die Schlange trat uns aber auch bereits als ein Symbol für die Leyline entgegen. Er symbolisiert die horizontale, lebensspendende Ätherkraft, die der roten Göttin entspricht. In den Sagen tritt uns die rote Göttin als Frau entgegen, die blutverschmiert ist, Schuld auf sich geladen hat (christliches Verständnis der Sexualität als Schuld!) oder klare rote Farben trägt bzw. sogar an Orten entsprechenden Namens (Rotes Bächle, Roter Felsen) verehrt wird.

Die schwarze Göttin

Die schwarze Göttin schließlich ist die Göttin des Todes und der Wandlung. Sie repräsentiert den Zustand nach dem Weltenende, den Winter und den Westen – die untergehende Sonne. Es ist die germanische Unterweltgöttin Hel. Im Christentum wird sie durch den Schmerzensaspekt Mariens geehrt, der alten Maria, die den toten Christus auf ihren Schoß nimmt (d.h. *in* ihren Schoß nimmt, zurück »in ihren Körper«). Als Wandlungs- und Todesgöttin ist sie zugleich die stärkste Kraft der Heilung, denn eine Krankheit tritt zumeist dann ein, wenn wir an alten Vorstellungen und Lebensweisen festhalten, die für unsere Entwicklung nicht mehr zeitgemäß sind. Wollen wir gesunden, muß dieser Teil unseres Selbst sterben. So wurden auch die schwarzen Madonnen (Chartres, Altötting, Kevelaer) zu den am häufigsten zum Zwecke der Heilung angerufenen Marien.

Katharina von Alexandrien ist es, die diesen schwarzen Göttinaspekt unter den Heiligen vertritt. Wie Barbara und Margarethe, mit denen sie oft als Dreiheit dargestellt ist, ist sie eine der Vierzehn Nothelfer. Die Heilige gilt als Patronin der philosophischen Fakultäten, der Bibliotheken und Schulen, also des Lehrstandes. Darin zeigt sich der Weisheitsaspekt der schwarzen Göttin. Denn sie ist zugleich Bewahrerin des okkulten Wissens, das nur Eingeweihten zugänglich wird, die durch eine Initiation (symbolischer Tod) dazu würdig werden.

Katharina ist die mystische Hüterin der Schwelle, die die Macht hat, der sterbenden Seele das Tor in den Paradiesgarten zu öffnen. Durch das Fürbittegebet, das Katharina vor ihrer Enthauptung für alle sprach, die sie in Todesnot anrufen werden, ist sie eine der bedeutendsten Sterbepatroninnen (besser Sterbematronen!) geworden, und zahlreiche Visionen berichten von ihrer Hilfe beim Sterben als Begleiterin ins Licht.

Eine Abbildung in Obsaurs/Österreich zeigt die drei Saligen Jungfrauen Ambet, Borbet und Wilbet. Ambet und Borbet hatten wir schon als die Vorgängerinnen von St. Margarethe und St. Barbara kennengelernt.

Wilbet nun zeigt uns die vorchristliche Vergangenheit der heiligen Katharina: Sie ist im schwarzen Gewand dargestellt.

Der Heiligenlegende nach lebte sie ihr Martyrium in einem finsteren Verlies. Als die Kaiserin von Alexandrien Mitleid bekam und sich mitten in der Nacht in das Verlies begab, um nach ihr zu sehen, sah sie »die Finsternis in strahlendes Licht getaucht«.

Als Attribut trägt Katharina das Rad. Es ist das Symbol des ewigen Wandels. Gleichzeitig aber zeigt uns das Rad die Mitte, von der die Speichen wie Strahlen ausgehen. Es repräsentiert damit zugleich das zentrale geomantische Phänomen der Mitte, des Omphalos.

Auch Wilbet trägt das Rad – zumindest im Namen, denn »wil« bedeutet Scheibe (vgl. engl. »wheel«), Wilbet wird damit zur Trägerin der Mond-Scheibe, und wie der Mond immer wiederkehrend im Schwarz verschwindet (Schwarzmond) und neugeboren wird, so repräsentiert auch Wilbet/Katharina die wandelnde Kraft der schwarzen Göttin.

In den Sagen tritt uns die schwarze Göttin als Frau in Trauerkleidern, aber auch als umgehende Frau in Nähe von Gräbern oder gar im Schreckensaspekt der Medusa entgegen (Tod als Schrecken). Der Volksmund sagt: »Margarethe mit dem Wurm, Barbara mit dem Turm und Katharina mit dem Radl, das sind die drei heiligen Madl«. Sie werden zum christlichen Ausdruck der zyklischen Dreifaltigkeit der Göttin, die uns in allen Naturgesetzen entgegentreten, so z. B. auch in der erwähnten Wirkung der drei Gesteinsentstehungstypen (siehe das Kapitel *Sonderkarten*):

Weiß: Primärgestein (entwickelt das ungelebte Potential)

Rot: Sekundärgestein (bringt uns neue Lebensaspekte nahe)

Schwarz: Tertiärgestein (was keinen Bestand hat, wandelt sich)

Es muß hier dazugesagt werden, daß bei der Deutung christlicher Heiliger nach dem dreifaltigen Prinzip der Göttin (Weiß-Rot-Schwarz) Vorsicht geboten ist, denn oft tritt auch z. B. Katharina im roten Gewand auf. Ebenso ist auch Barbara Sterbepatronin, so daß die Qualität der Göttin bei den drei heiligen Madln oft wechselt und der detaillierte

Bezug beachtet werden muß, in dem sie auftreten und verehrt werden (z. B. die Farbe des Gewandes in Abbildungen u. ä.).

Marko Pogačnik sieht diese Dreiheit auch landschaftlich im System der Landschaftstempelstruktur verkörpert. Dabei werden bestimmte Regionen, Zonen oder Orte einer der drei Göttinnen zugeordnet. Sie sind der bildhafte Ausdruck der geistigen Matrix dieses Ortes, des Genius loci. In der Tat finden wir eindeutige Zuteilungen nach diesen drei Aspekten in der Landschaft. In Suhl in Thüringen finden sich drei Berge: der Domberg mit der Ottilienkapelle, dem Ottilienfelsen und der Ottilienquelle und der Sage von der weißen Frau; der rote Fels mit dem dort entspringenden Roten Bächle und einer weiteren Jungfrauensage; und schließlich der Döllberg mit dem sogenannten Heidengrab, bei dem es Brauch ist, schwarze Beeren zu pflücken, und auf dem eine Frau in Trauerkleidern umgehen soll.

Ein anderes Beispiel ist die Bischofsstadt Freising bei München. Hier gibt es drei Berge, die die Brauerei, die Kaserne und die Schulräume des Domberges (mit den Heiligengräbern) tragen und bis heute Nährberg (Rot), Wehrberg (Weiß) und Lehrberg (Schwarz) genannt werden.

Odin – Wotan – Merkur und Michael

Weitere geistige Aspekte treten uns in männlichen Göttern entgegen. Als Beispiel soll uns Odin dienen. Er ist der Göttervater der Germanen. Den Mythen nach gilt er als Begründer der Schrift. Um wissend zu werden, opferte er ein Auge. Er repräsentiert damit auch den Bewußtseins- und Verstandesaspekt des auftretenden Patriarchats.

Erfährt sich das Kind zunächst noch als nicht von der Mutter getrennt, lernt es bald, sich als eigenständige Persönlichkeit zu akzeptieren. Diese Eigenständigkeit wird nur durch eine Trennung von der Mutter bzw. den Eltern möglich. Das Kind lehnt sich gegen die Eltern auf, trotzt und lernt den Satz: Ich will aber! Es drückt darin die Gleichwertigkeit seines Individuums gegenüber der zunächst als Naturgesetzmäßigkeit empfundenen elterlichen Gewalt aus. Das Kind entwickelt ein eigenes Bewußtsein, ein Ich, einen eigenen Willen und Verstand.

Ebenso trennte sich der Mensch von der Natur und widersetzte sich den Naturgewalten. Der männliche, analytische, verstandesbezogene

Aspekt seines Wesens gewann die Oberhand. Das Bewußtsein (Geist) – repräsentiert durch die Sonne – siegte über die Triebe und Körperlichkeit. Bildhaft wird der Drache vom solaren Heros getötet wie Apophis von Re oder Fafnir von Sigurd. Freilich nimmt auch der Held dabei Schaden: Odin opfert sein Auge, um wissend zu werden. Er muß Gewalt über seine Körperlichkeit erlangen, und so opfert Odin sich selbst, indem er sich vierzig Tage und Nächte an einen Baum hängt (wie Jesus später vierzig Tage fastet und schließlich am Kreuz geopfert wird). Da entdeckt Odin/Wotan zu seinen Füßen die Runen, die Magie des Wortes, des Bewußtseins.

Odin wird dargestellt mit den Raben, den Trickservögeln, die als Wandler zwischen den Welten gelten. Er sitzt auf einem Roß mit acht Beinen und führt das Totenheer, die wilde Jagd, an.

Die Römer, die die Götter fremder Völker in ihr Göttersystem zu integrieren suchten, setzten Odin mit Merkur gleich, dem Götterboten, dem Gott des Wortes und der Kommunikation.

Darin erkennen wir das Potential des Verstandes, das diesem Archetyp zugrundeliegt. In christlicher Zeit wurden die heiligen Stätten Odin/Wotans durch Heiligtümer des Erzengels Michael ersetzt. Auch er ist ein Bote (Engel von »angelos« = Bote), ein Vermittler zwischen den Welten, der das lichte Prinzip der Sonne auf die Erde bringt und mit seinem göttlichen Bewußtsein (Geist) mit der Erde (Drachen, Materie) in scheinbarem Widerstreit liegt. Schließlich wird Michael in der christlichen Kirche auch zum Seelenführer, zum Psychopompos, der mit der Waage die Lauterkeit der Seelen abwägt. In menschlicherer Form wird der Drachentöter Michael durch den Drachentöter St. Georg ersetzt, der wie Odin auf dem Pferd sitzend mit dem Drachen kämpft. Mancherorts wird er gar mit Raben dargestellt, wodurch die Verbindung noch deutlicher ist. Auch Christopherus ist ein solcher Seelenführer. »Wer Christopherus schaut, kann an diesem Tage keines unnatürlichen Todes sterben«, heißt es. Dadurch wurde Christopherus zum Schutzpatron der Autofahrer (Reisenden). Er ist abgebildet, wie er das Christuskind über den Fluß trägt. Symbolisch zeigt sich darin die Reise der Seele über den Unterweltfluß (»Styx«). Christopherus ist so dem Fährmann gleichgesetzt. Alte Darstellungen zeigen ihn auch mit Hundekopf. Dadurch steht er dem ägyptischen Totengott Anubis sehr nahe. Odin, Merkur, Michael, Georg und Christopherus stellen sich damit als zeitliche Änderungen (Genius temporis) derselben Grundkraft (Genius loci) dar, die durch die Stichworte Bewußtheit, Verstand, Sprache, Schrift, Kommunikation, Vermittlung, Verbinder zwischen den Welten, Seelenführer charakterisiert werden kann. Auch Prometheus und der keltische Gott Lug reichen in diese assoziative Kette hinein (freilich mit Unterschieden im Detail).

In den Sagen tritt uns diese Kraft als Genius loci, z. B. durch Geschichten über die wilde Jagd, das Totenheer, entgegen oder als alter weiser Mann, als Tatermandl oder auch als Ritter in feuriger Gestalt (Willensaspekt).

So erscheinen uns die germanischen, keltischen oder römischen Götter ebenso wie die christlichen Heiligen als bildhafter Ausdruck göttlicher Kräfte. Ihr Auftreten an Orten, sei es durch Hinweise früher Verehrungen aus der Archäologie, den Patrozinien (Weihungen) vorhandener Kirchen oder in verfremdeter Form in örtlichen Sagen, trifft Aussagen über die am Ort vorherrschende geistige Kraft. Übersicht 13 gibt einen Abriß über die Zuordnungen der wichtigsten Götter und Heiligen. Wer aber an den Kern der Aussage gelangen will, darf sich nicht in der Nutzung stichwortartiger Beschreibungen wie dieser erschöpfen, sondern muß tief eindringen in das intuitive Erfassen der Mythen und Götterbilder.

Übersicht 13: Kurzcharakteristik der Götter Mitteleuropas

Ambet Erdmutter, rote Göttin; eine der drei Saligen, der drei heiligen Jungfrauen der Alpenländer (vgl. drei Nornen, drei Parzen); vermutlich stammt sie von der präindogermanischen Göttin Amba ab, die in Indien verehrt wurde und der schwarze Ziegen geopfert wurden. Ihr Tag ist der S'AmbetsTag (Samstag). Ihre Qualität rückt damit in die Nähe Saturns. Christl. Entsprechung: Hl. Margarethe

Apoll griech.-röm. Gott der Sonne; entspricht Lug, Belenos, Baldur, Sul/Sol. Christl. Entsprechung: Michael

Baldur germ. Gott der Sonne und des Lichtes, Sohn Odins, Christl. Entsprechung: Michael

Belenos kelt. Sonnengott. Er wurde am keltischen Beltane-Fest am Vorabend des I. Mai gefeiert. Oft mit Lug gleichgesetzt oder verschmolzen. Christl. Entsprechung: Michael

Borbet eine der drei Saligen (s. auch Ambet und Wilbet). Sie ist die Sonnenfrau und ihr Tag ist der Sonntag. Christl Entsprechung: Hl. Barbara (Borbet = Barbet= Barb-ara)

Brigit kelt. dreifaltige Göttin (im Christentum zur Heiligen geworden), Göttin der Goldschmiedekunst, der Inspiration und Dichtkunst sowie der Heilkunst. Symbole: Licht, Tag, Feuer. Christl. Entsprechung: Hl Barbara, Hl. Katharina

Cernunnos kelt. Vegetations- und Naturgottheit. Wird im Christentum wie Pan zum Teufelssymbol (Spätere Namen: Wilder Mann, Hans im Grün, Robin Goodfellow). Er trägt das Hirschgeweih und zeichnet sich damit als schamanische Naturgottheit aus. Sein Kult wurde in heiligen Hainen zelebriert. Der Tanz um den heiligen Baum (Tanzlinden) war einer seiner Rituale. Er ist der Vorläufer des Wilden oder Grünen Mannes, der später auch noch in gotischen Kathedralen auftaucht. Christlich wird er auch symbolisch durch den Hirsch des Hubertus vertreten.

Dagda kelt. Gott, der Allvater, Sohn der Ana/Dana. Gott der Weisheit, des Rechtes, der Zauberkünste, Gott der Fülle und des Überflusses. Seine Attribute sind die Keule und der magische Kessel. Je nachdem, welche Melodie er mit seiner Harfe spielt, herrscht eine andere Jahreszeit. Oft mit Jupiter gleichgesetzt. Im Christlichen auch St.Vitus mit dem Kessel.

Diana röm. Göttin der Jagd, reitet auf dem Mond. Ursprüngl. Herrin des freien Himmels, der Sonne und des Mondes (Diviana = »die Leuchtende«), Beschützerin der Jungfräulichkeit. Daher auch weiße Göttin. Weitere Symbolik: Sommer, Jagd, Wälder. An ihrem Feiertag (15. August) feiern die Katholiken Maria Himmelfahrt!

Donar oder **Thor** germ. Wettergott (Donnergott), ältester Sohn Odins. In Thors/Donars Stirn loderte ein Feuer (Erleuchtung). Neben Odin der bedeutendste der Asen. Christl. Entsprechung: Hl. Donatus, Petrus (1. »Sohn« Christi, d. h. sein Nachfolger und Erbe, Wetterheiliger).

Esus einer der kelt. Hauptgötter. Er wird gelegentlich mit Mars in Verbindung gebracht, zuweilen auch mit Merkur-Odin. Dargestellt wird er mit einer doppelköpfigen Schlange, oft mit einer Axt. Unterweltsgottheit. Christl. Entsprechung: Michael, Hl. Christophorus

Frau Holle Wie Hulda und Perchta wohl einst eine germanische Göttin. Bezug zur Göttin Hel. Wie Etain eine ambivalente Göttin des Überganges von Tag und Nacht, Geburt und Tod. Schwarze Göttin/weiße Göttin. Sie bringt die Kinder (meist aus Quellen und Teichen) und steht in Bezug zu Sonne (Gold) und Nacht (Pech). Ihr Festtag ist die Wintersonnwende. Christliche Entsprechung: Hl. Barbara, Hl. Katharina

Freyja Bekannteste der germanischen Göttinnen. Liebesgöttin und Herrin des Todes. Göttin der Magie. Verkörperung des Großen Schoßes der Erde. Symbole: Frühling, Sommer, Magie, Fruchtbarkeit, Tod. Christliche Entsprechung: Maria

Hel Germ. Todesgöttin. »Die Zudeckende«; schwarze Göttin. Zu ihr kamen v. a. die an Altersschwäche und Krankheit Gestorbenen, während die im Kampf Gefallenen von Freyja und Odin davongetragen wurden. Hel lebt bei den Wurzeln des Weltenbaumes in ihrem neunfachen Reich. Christliche Ableitung: Hölle.

Hulda Königin der germanischen Bergfeen. Ihr Harfenspiel kann hypnotisieren. Sie wird als wunderschöne Frau, aber riesengroß beschrieben. Symbole: Musik, Tanz, Berge

Juno röm. Göttin. Beschützerin der Ehe und der Fruchtbarkeit. Göttin der Zeit (Tochter des Saturn/Chronos). Göttin des Neumonds und des Menstruationszyklus; rote Göttin. Ursprüngl. etruskische Göttin. In Rom beherbergte ihr Tempel die Münzpräge, weshalb sie auch im Bezug zum Geld steht. Christl. Entsprechung: Hl. Margarethe, Maria Magdalena

Jupiter röm. Gott. Gatte und Bruder der Juno. Höchste Gottheit der Römer. Ursprünglich Himmels- und Wettergott (Attribut des Blitzes). Beziehungen zu Dagda, Donar. Christl. Entsprechung: Hl. Donatus, Hl. Petrus

Loki germ. Feuergott. Blutsbruder von Odin. Eine ambivalente Gestalt, die wie Prometheus durch List den Göttern das Feuer raubt und dafür bestraft wird. Er ist der Bewußtseinsbringer (Feuer). Gleichzeitig ist seine Handlung gegen den Willen der Götter (vgl. christl. Apfelmythos und Paradiesverstoß). Loki zeugt den Fenriswolf, die Göttin Hel und die Midgardschlange. Christl. Entsprechung: Luzifer (= »Lichtträger«)

Lug kelt. Licht und Sonnengott. Anführer der Fomore, tötet den Riesen Balor. Viele sehen in ihm eine Verwandtschaft zum germanischen Odin und zum Erzengel Michael.

Luna röm. Mondgöttin. Beschützerin der Schlafwandler und Mondsüchtigen. Christl. Entsprechung: Hl. Katharina

Mars röm. Gott des Krieges, früher auch Vegetations- und Fruchtbarkeitsgottheit, Sohn der Juno, Vater von Romulus und Remus. »Der Scheinende«.

Merkur röm. Gott des Handels, Götterbote und Vermittler. Christl. Entsprechung: Michael, Hl. Christophorus

Minerva röm.-etrusk. Göttin des Handwerks und des Krieges. Verkörperung der Weisheit und Göttin des Intellektes. Viele kelt. Göttinnen gingen in Minerva ein. Verwandtschaft zur kelt. Göttin Sulis. Christl. Entsprechung: Hl. Katharina

Mithras Ursprüngl. syr. Gottheit, die von den Römern bis nach Mitteleuropa gebracht wurde. Solare Gottheit, starke Bezüge zu Christus. Der Lichtheld wurde von Ahura Madzda (altiran. Weltenschöpfer) auf die Erde geschickt, um den Urstier zu töten. Der Mithraskult war verbunden mit Initiationsritualen, die rituelle Tode und die Erfahrung der geistigen Sonne einschlossen.

Nornen germ. Schicksalsgöttin. Drei Schwestern (s. Dreiheit der Göttin), die am Fuße der Weltenesche leben: Urd, Verdandi und Skuld. Pflegen den

Weltenbaum und spinnen die Schicksalsfäden (weiß, rot und schwarz) der Menschen. Symbole: Schicksal, Prophezeiung, Zeit, Glück

Odin germ. Vater-Gott (auch Wotan oder Wodan), Vater Baldurs und Blutsbruder Lokis. Kriegsgott und Gott der Ekstase, Totengott und Gott der Weisheit und der Dichtung. Um wissend zu werden, opfert er ein Auge und hängt sich selbst an den Weltenbaum. Bringer der Runen und der Schrift. Wird in späterer Zeit zum Anführer des Totenheeres, der Wilden Jagd. Christl. Entsprechung: Michael, Hl. Christophorus

Ostara germ. Frühlingsgöttin (Osterfest!). Göttin der Fruchtbarkeit und des Neubeginns, z.T. weiße Göttin. Christl. Entsprechung: Hl. Odilie

Perchta germ. Muttergöttin (auch Percht oder Berchta, z.B. in Berchtesgaden!). Sorgt für die Fruchtbarkeit der Felder und die Gesundheit des Viehs. Starke Bezüge zur Frau Holle, Heilige Zeit: die Rauhnächte

Saturn röm. Gott (Griechisch: Chronos). Symbole: Zeit, Erdhaftigkeit.

Sul kelt. Muttergöttin, die v. a. im englischen Bath, aber auch in der Schweiz verehrt wurde. »Die Strahlende«, Verwandtschaft zum später männlichen Sonnengott Sul/Sol. Wurde von den Römern als Sulis Minerva verehrt. Oft auch mit der Sonnengöttin Belisama gleichgesetzt. Christl. Entsprechung: Hl. Barbara

Venus röm. Göttin der Schönheit (wie Aphrodite), der jugendlichen, nicht geschlechtlichen (!) Liebe. Ihre Heiligtümer bestanden ursprünglich aus einem Stein in der Nähe eines großen Baumes; weiße Göttin. Planet Venus. Christl. Entsprechung: Hl. Odilie

Wilbet Eine der drei Saligen (s. a. Ambet und Borbet). Die Mondfrau, ihr Tag war daher der Mondtag. Ihr Attribut ist das zwölfspeichige Rad. Verwandtschaft zur Hl. Katharina.

Was Sagen verraten

Über das Bild der Götter hinaus können Sagen eine ganze Reihe weiterer Informationen liefern. So zum Beispiel, welche Orte in einer inneren Verbindung zueinander stehen. In den örtlichen Sagen wird dies z. B. durch Riesen ausgedrückt, die etwas von Ort A nach Ort B werfen, oder Drachen, Teufel und Zauberer, die von Ort A nach Ort B fliegen; es sind geisterhafte Kutschen, die ständig auf dem Weg von A nach B gesehen werden oder geisterhafte Reiter. Auch unterirdische Gänge gehören in diese Kategorie. Sie alle versinnbildlichen eine horizontale Verbindung der Orte, und oft finden wir hier ätherische Verbindungslinien wie Leylines, die die geistige Verbindung auch energetisch faßbar machen.

In München gibt es einen ganzen Sagenkomplex, der eine solche Beziehung verdeutlicht: An der Ecke Marienplatz und Weinstraße soll sich einstmals der Lindwurm, ein drachenartiges Tier, niedergelassen haben. (Der Drache wurde bereits mehrmals als geomantisches Symboltier der horizontalen Verbindung – Leyline – erwähnt.) Der Punkt ist am neuen Rathaus durch einen Bronzedrachen gekennzeichnet und wird Wurmeck genannt. An den Quatembertagen (Bußtage der katholischen Kirche alle viertel Jahre) sollen die zwölf Apostel von der Heilig-Geist- zur Frauenkirche wandern, wobei sich Türen wie von Geisterhand öffnen und schließen. Verbindet man die beiden Kirchen, so liegt das Wurmeck exakt auf dieser Verbindungslinie, und in ihrer Verlängerung liegen weitere Kirchen, unter anderem Maria-Ramersdorf, eine uralte Wallfahrtskirche, zu der einst von München aus eine schnurgerade *Linden*allee (vgl. *Lind*wurm) führte. Schließlich trifft man auf Orte, an denen Geister Femegerichte abhalten.

Der Horizontalen gegenüber steht die Vertikale. Sie wird in den Legenden durch (Licht-) Säulen, Weltenbäume, Himmelsleitern oder aufrecht stehende Schlangen markiert und verweist auf die vertikalen Ätherphänomene. Eine Sage aus der Sächsischen Schweiz mag dies verdeutlichen:

Auf dem Wilischberge, unweit Kreischa, befindet sich eine Schachtöffnung. Alle hundert Jahre zeigt sich in der Nähe des Schachtloches eine weibliche Gestalt. Eines Tages bat der Geist einen jungen Mann inständig, ihn vom Banne zu erlösen. Die geisterhafte Frau sprach, sie sei in eine Schlange (!) verwandelt worden, die mit einer goldenen Kette an einen Altar in ihrem Schlosse gefesselt sei, und sie könne nur dann davon erlöst werden, wenn eine Mannsperson, ehe die Mitternachtsstunde ausgeschlagen habe, die Schlange dreimal küsse. Geschähe dies nicht, so müsse sie weitere hundert Jahre auf Erlösung warten.

Als nun der Mann an der erleuchteten Pforte ankam, erblickte er im Hintergrund die gefesselte Schlange mit erhobenem Vorderteil ihres Leibes. Da hob die Turmuhr an, die Mitternachtsstunde zu schlagen. Die Schlange neigte dabei ihr Haupt, und bei jedem folgenden Schlage neigte sie sich tiefer und tiefer. Aber den jungen Manne graute davor, die Schlange zu küssen. Als der letzte Schlag erklang, tat es einen Knall; das Licht erlosch, und der junge Mann sah sich vor der finsteren Schachtöffnung stehen.

In der aufgerichteten Schlange erkennen wir – quasi als Gegenpol zum horizontalen Drachen – ein vertikales Ätherphänomen wieder, an das ein Geist gebunden ist. So geben Sagen nicht nur Auskunft über die Qualität der vorherrschenden geistigen Kräfte, sondern auch über ihre angenommene Struktur.

Traumarbeit

In Träumen erweitern sich die starren symbolischen Bilder zu lebendigen, emotional heftig belebten Situationsgefügen. Träume erhalten also gegenüber der symbolischen Deutung von Zahlen, Farben und Figuren eine weitere Dimension: die Zeit. Dies mag absonderlich erscheinen, ist doch andererseits in Träumen der Faktor Zeit praktisch aufgehoben! So geht es hier auch nicht um das Nachempfinden linearer Zeit, sondern um das Wahrnehmen zyklischer oder paralleler Zeitprozesse in Träumen. Situationen, die zeitlich linear auf bestimmte Ereignisse folgen, sind wie in einer filmischen Vorschau vorangesetzt, und umgekehrt erlebt der Träumende Rückblenden oder gar zeitlich parallel laufende Geschehnisse an anderen Orten. Das Bemerkenswerte daran ist, daß man sich als Träumender oft sehr wohl bewußt ist, wie der eigentliche lineare Ablauf wäre, die Parallelität der Zyklen erscheint uns jedoch vollkommen normal. Ebenso verhält es sich mit der Wandlungsfähigkeit von auftretenden Personen oder symbolischen Gegenständen: Die Schwester ist plötzlich der Chef, die Ehefrau wird zur Tochter, der Ehemann zum Onkel; oder umgekehrt treten fremde Personen auf, in denen wir aber nahe Familienangehörige verkörpert wissen. Was uns in dieser für unser kausales Bewußtsein so verwirrenden Welt entgegentritt, sind die inneren Bedeutungszusammenhänge: Meine Schwester tritt eben deshalb als mein Chef auf, weil in beiden ein gemeinsamer Nenner ruht, der von uns symbolisch erfaßt wird.

Gelingt es uns, das Träumen zu einem geomantischen Werkzeug zu entwickeln, so haben wir damit eine Methode an der Hand, die Dynamik der geistigen Ortskräfte in ihrem Zusammenspiel zu erkennen.

Ein Beispiel: Vor einer geomantischen Arbeit in Suhl träumte ich von Zwergen, die meinen kleinen Sohn entführen wollten. Nur durch scharfe eindeutige Worte konnte ich dies verhindern. Ich war tief berührt, als ich im Sagenschatz des Suhler Raumes das Motiv des öfteren auftauchen sah, daß geistige Wesen die Menschenkinder raubten. Da der Suhler Raum ein intensives Bergbaugebiet ist, deutete ich dieses Symbolmotiv aus Sage und Traum als einen starken Mangel (Kinder, d. h. Nachkommenschaft, geistige Kreativität) der dort ansässigen Ortskräfte, der in Folge des Raubbaues an der Natur eingetreten war und nun seinerseits einen Sog oder Raub bestimmter Kräfte von den Menschen zur Folge hatte.

Nur ein bewußt gesprochenes Wort, d. h. das Bewußtsein der Menschen, konnte diesem geistigen Kräftesog Einhalt gebieten. Im Traum stellten sich so Problem und Lösung gleichzeitig dar.

Die Traumebene als geomantisches Arbeitswerkzeug zu entwickeln, setzt ein wenig Training voraus, d. h., die geistige Bereitschaft unseres Unbewußten, emotionsgeladene Bilder (Symbole) an unser Bewußtsein abzugeben, muß geschult werden. (Ausführliche Anleitung zur Methode des Träumens als geomantisches Wahrnehmungsinstrument finden Sie in meinem Buch »Grenzenlose Sinne«, Neue Erde). Am besten erreichen Sie dies, indem Sie zunächst Ihrem Unbewußten mehr Beachtung schenken. Führen Sie Traumtagebücher und vergleichen Sie die auftretenden Symbole mit Emotionen, Ereignissen und Problemen aus ihrem Wachbewußtsein! Bücher der Traumsymbole können kaum eine Hilfe sein, denn es ist wichtig, selbst zu lernen, die eigenen Träume zu entschlüsseln. Handelt es sich doch bei den dort auftretenden Symbolen um stark persönlich gefärbte Archetypen, die unsere ureigene Einschätzung von der Welt mit übernehmen. Einem Fischer, der um den Bestand seiner Forellenteiche besorgt ist, bedeutet das Symbol des Fischreihers sicher etwas anderes als einem Ornithologen!

Übung 10: Traumarbeit

Lernen Sie, Ihre Träume zu deuten! Besorgen Sie sich ein kleines Büchlein, in dem Sie all Ihre Träume, wichtig oder unwichtig, notieren. Am besten legen Sie das Buch neben Ihr Bett und schreiben Sie die Träume auf, solange sie noch frisch sind und noch nicht zu tief ins Kausalbewußtsein eingedrungen sind. Sie können aber auch Ihre Träume zeichnen oder malen. Sie werden feststellen, daß das, was Sie von Ihren nächtlichen Reisen ins Unbewußte bewahren, ständig umfangreicher wird.

Lesen Sie von Zeit zu Zeit im Traumbuch nach und vergleichen Sie die Träume mit Ereignissen, auftretenden Problemen und deren Lösung oder Emotionen aus dem Alltag. Versuchen Sie, eine persönliche Traumsymbolik zu erstellen. Wichtig dabei ist, daß Sie stets das mitberücksichtigen, was der Traum in Ihnen emotional ausgelöst hat, welche im Traum auftauchenden Gegenstände oder Personen Gefühlsreaktionen hervorriefen!

Haben Sie Ihr Traumwerkzeug auf diese Weise geschult, so können Sie versuchen, es auf Orte und die dort wirkenden geistigen Kräfte anzuwenden:

Tage, bevor Sie zu einem zu untersuchenden Ort fahren, sollten Sie anfangen, sich innerlich mit ihm auseinanderzusetzen. Denken Sie an den Ort, so oft es geht. Denken Sie an das, was Sie über ihn wissen, was Ihnen erzählt wurde und was Sie gelesen haben. Sehen Sie sich Fotos und Bilder des Ortes an.

Betrachten Sie sich den Ort auf der Karte in seinem landschaftlichen Zusammenhang. Lesen Sie Romane, Erzählungen und Sagen aus der Umgebung des Ortes. Begeben Sie sich geistig, in Meditation, so oft es geht an den Ort und betrachten Sie auftauchende Bilder. Vergegenwärtigen Sie sich den Ort vor dem Einschlafen. Erwarten Sie aber keine aussagekräftigen Träume! Setzen Sie Ihr Unbewußtes nicht unter Druck! Sie sollten auch diese geistige Auseinandersetzung als ein entspanntes Spiel betrachten.

Notieren oder zeichnen Sie alle auftretenden Symbole oder Traumsequenzen, die für Sie in einem inneren Bedeutungszusammenhang mit dem Ort stehen. Vergleichen Sie das Bild mit Motiven der örtlichen Sagen und Legenden. Diese geben die kollektive Symbolebene des Ortes wieder, die Ihrer persönlichen Symbolebene relativ nahesteht. Achten Sie dann vor allem während eines längeren Besuches des Ortes oder anschließend auf Ihre Träume. Oft kann es drei Tage oder länger dauern, ehe sich die geistige Kraft des Ortes voll in Ihnen entfaltet!

Meditation

Neben dem passiven Traum können Sie auch die aktive Meditation als geistiges Werkzeug nutzen. Begeben Sie sich vorab oder während Ihres Aufenthaltes am Ort in einen meditativen Zustand und beachten Sie auftauchende Bilder.

Übung 11: Geistige Präsenz

Diese Übung überträgt die Grundübung 2 (Anwesenheit, S. 34) auf die geistige Ebene.

Setzen oder stellen Sie sich aufrecht hin. Der Kopf wird von einem unsichtbaren Faden gehalten, das Steißbein von einem Gewicht nach unten gezogen. Sammeln Sie Ihre Aufmerksamkeit mit jedem Atemzug mehr und mehr in Ihrem Bauch. Wenn Sie ganz im Bauch anwesend sind, machen Sie einen tiefen Atemzug, und während Sie ausatmen, wandert mit Ihrem Atem, Ihre Aufmerksamkeit nach außen. Befinden Sie sich bereits am Ort, dem Ihre Arbeit gelten soll, so lassen Sie sich quasi von Ihrem Atem umspülen. Mit ihm halten Sie Ihre Aufmerksamkeit (Sie erinnern sich: nicht Konzentration, sondern Aufmerksamkeit!) in dem Sie umgebenden Raum.

Springen Sie nicht mit Ihrer Aufmerksamkeit von diesem in jenes Eck und von dem einen zum anderen Baum, sondern lassen Sie Ihre Aufmerksamkeit wie ein elektromagnetisches Feld, das alles durchdringt, im Raum um Sie herum stehen – ohne zu fokussieren.

Achten Sie nun weniger auf körperliche Reize (Kribbeln, Wärme), als vielmehr auf Emotionen, innere Bilder oder spontane Gedanken, die auftauchen! Beobachten Sie diese Bilder und Gedanken, ohne ihnen aus sich heraus Energie zu geben. Nehmen Sie sie nur wahr, spinnen Sie die Gedanken aber nicht willkürlich weiter! Dies verlangt einige Übung.

Wenn Sie sich nicht am Ort befinden, stellen Sie sich vor, daß mit dem Ausatmen Ihr Atem und mit ihm Ihre Aufmerksamkeit, Ihre geistige Präsenz an den Ort wandert, dem Ihre Beachtung gilt – auch wenn er Kilometer entfernt liegt. Halten Sie Ihre Aufmerksamkeit dort und achten Sie auf eintretende Emotionen, Bilder oder Gedanken.

Zum Abschluß ziehen Sie Ihre Aufmerksamkeit in sich zurück und atmen einige Male tief in Ihren Bauch, ehe Sie wieder zu sich kommen und die Übung beenden. Schreiben Sie das Erlebte auf oder malen Sie es! Versuchen Sie die Bilder zu deuten und einzuordnen.

Personifikation und Identifikation

Eine weitere großartige Methode, die innewohnende geistige Kraft eines Ortes zu erfahren, ist, ihn assoziativ zu betrachten. Sie erinnern sich, was zu Beginn dieses Teils des Buches gesagt wurde? Aus den Gesichtszügen und der Kleidung eines Menschen kann ich auf seine geistige Haltung rückschließen. Der Geist prägt den Körper. So auch am Ort. Eine Möglichkeit, den Genius des Ortes zu erfahren, ist daher die

Assoziation. Betrachten Sie sich den Ort, z. B. einen Hügel. Woran erinnert er Sie? Ist es ein Mann oder eine Frau? Ist er alt oder jung? Ist er reich oder arm? Angesehen oder unbeachtet? Ist er groß oder klein? Aufrecht oder bucklig? Gut gekleidet oder schlampig? Ein Einzelgänger oder mit anderen in Gemeinschaft verbunden?

Durch ein solches Vorgehen, bei dem Sie ständig assoziativ zu der Betrachtung des Ortes zwischen zwei Polaritäten unterscheiden, wächst allmählich das Bild eines Menschen vor Ihrem inneren Auge. Der Ort erhält eine menschliche Gestalt. Was Sie sehen, ist der Genius, und vielleicht erkennen Sie einen Ihnen bekannten Gott wieder, einen weisen starken Odin, eine alte dunkle schwarze Göttin oder einen lichten Michael.

Noch stärker erfahren Sie den Geist des Ortes, indem Sie selbst zum Ort werden, sich mit ihm identifizieren. Wie in meinem Buch »Landschaften der Seele« ausführlich beschrieben, eignen Sie sich so den Ort von innen an, erfahren seine Motivationen, Emotionen und Wünsche. Nehmen Sie dazu zunächst die Geste des Ortes an. Es ist nicht wichtig, daß Sie äußerlich dem Ort ähneln, sondern daß es sich richtig anfühlt. Setzen Sie sich als Berg z. B. ruhig und aufrecht auf den Boden und spüren Sie die Erdenschwere im Bereich Ihres Schoßes oder wiegen Sie Ihre Arme im Wind, wie der Wald seine Baumwipfel. Spüren Sie in sich hinein! Was empfinden Sie? Wie fühlen Sie sich? Was sind Ihre Wünsche? Durch Personifikation und Identifikation erleben Sie den Ort von innen und außen.

Mit geistigen Kräften sprechen

Die unmittelbarste Methode des Kontaktes zum Genius loci ist jedoch der geistige Austausch. Wie mit einem Menschen können wir auch mit einem Ort geistig sprechen. Dieses Vorgehen ähnelt dem Gebet. Nur beten wir hier nichts an, sondern kommunizieren gleichberechtigt. Was würden Sie tun, wenn Sie einen Menschen kennenlernen wollten? Nun, zunächst würden Sie ihm vielleicht einen Brief schicken und Ihr Kommen ankündigen. Anschließend würden Sie sich – vielleicht mit einem kleinen Gastgeschenk versehen – an sein Haus begeben, anklopfen und sich nochmals vorstellen, ehe Sie eingelassen werden und gemütlich bei einer Tasse Tee ins Reden kommen.

Genauso können Sie beim Genius loci vorgehen. Kündigen Sie ähnlich wie in Übung 11 beschrieben (S. 143) durch die Lenkung Ihrer Aufmerksamkeit auf den Ort geistig nun aktiv Ihr Kommen an, begeben Sie sich an die Stelle des Ortes, an dem der Ortsgeist seine stärkste Verdichtung im Raum erfährt bzw. angebunden ist (wahrnehmbar z. B. über die Ätherebene oder die Naturbeobachtung, z. B. anhand merkwürdiger Baumwuchsformen). Vermutlich können Sie hier eine starke Dichte der Ätherkräfte feststellen, vielleicht in Form einer Säule oder Kugel. Bleiben Sie zunächst einige Schritte davon entfernt und klopfen Sie geistig erneut an. Stellen Sie sich und Ihre Absichten vor und bewegen Sie sich dann – wenn es erlaubt ist – langsam und aufmerksam in die Mitte des ätherischen Phänomens. Verfahren Sie hier wie in Übung 11: Sammeln Sie sich zunächst, und lenken Sie dann Ihre Aufmerksamkeit nach außen. Stellen Sie Fragen, und warten Sie ab, welche Emotionen und Gedanken als Antwort auftauchen. Mit etwas Übung können Sie sich so mit dem Ort unterhalten wie mit einem Menschen.

Versuchen Sie jedoch nie, etwas zu erzwingen! Wahren Sie alle formellen Höflichkeiten, die Sie auch einem Menschen zugestehen würden, denn wie ein Mensch kann auch der Geist des Ortes verletzt, bedrängt oder erzürnt werden. Manche Orte sind geschwätzig, andere schweigsam – jeder spricht auf seine Weise.

Weiterführende Literatur zum Kapitel

Patricia Monaghan: *Lexikon der Göttinnen.* O. W. Barth, 1997

Das Große Buch der Heiligen – Geschichte und Legende im Jahreslauf. Südwest Verlag, München 1990

Herder-Lexikon: *Germanische und keltische Mythologie.* Herder, Freiburg, Basel, Wien 1997

Stefan Brönnle: *Grenzenlose Sinne.* Neue Erde, Saarbrücken 2008

Kraftorte gestalten

Wie ich bereits im Abschnitt *Die Kraft des Ortes* ausgeführt habe, zeichnen sich besondere sakrale Plätze weder ausschließlich durch das Vorhandensein von Wasseradern oder Gitternetzen aus, noch durch die ausschließliche Präsenz ätherischer Kräfte und ihrer Organe und erst recht nicht durch das bloße Wirken geistiger Kräfte. Körper, Äther und Geist müssen vereint sein, damit ein Kraftort seine Wirksamkeit entfalten kann. So gestalteten auch die Priester, Schamanen oder Druiden, aber auch die Bauhütten der Gotik bis hin zu den Ritterorden, die bis in die Neuzeit wirkten, Orte so, daß alle Ebenen davon berührt wurden.

Avebury

Rund viertausend Jahre ist der gewaltige kultische Komplex von Avebury im Süden Englands alt. Er umfaßt neben dem eigentlichen Steinkreis von Avebury auch so berühmte Orte wie Stonehenge und Sillbury Hill. Die kreisförmigen Wallanlagen bedecken eine Fläche von 11,3 Hektar und bestanden ursprünglich aus rund hundert Menhiren. Der fünfzehn Meter tiefe Graben, der auf der Innenseite des Erdwalls läuft, der Avebury umgibt, weist klar darauf hin, daß diese Anlage kultischen und nicht etwa militärischen Zwecken diente. Doch so unterschiedlich Motivation und Kultur der Erbauer gegenüber den Baumeistern von Chartres gewesen sein mag, so ähnlich sind sich die Bauten doch in ihrer geomantischen Grundstruktur: Auch in Avebury wird die so genannte Kennet Avenue, eine rund 2,4 km lange, zweireihig von Menhiren flankierte Prozessionsstraße, von einer tief liegenden Wasserader unterirdisch begleitet, wie Peter F. Strauss bei einem gemeinsamen Besuch der Anlage entdeckte. Die Wasserader führt in das Zentrum der Anlage und umspült es. Die in ihr mitgeführten ätherischen Kräfte werden durch Wall und Graben in der Anlage gehalten, die gleichzeitig einen perfekten Schwingkreis bilden. So bildet sich im Innern der Anlage, die auch als »Evas Grab« bezeichnet wird, ein gigantischer Wirbel ätherischer Energien, der eine Verbindung zum Kosmos schafft und einfallenden geistigen Kräften den Zugang ermöglicht. Im innersten Kern dieses riesigen Steinkreises schließlich finden sich zwei weitere Steinkreise, die William Stukeley 1721 Sonne und Mond zuordnete und die zwei große ätherische Vertikalachsen umfassen.

Auch in Avebury wirken die Geologie (Wasserader) mit der Baukunst und der dadurch beeinflußten ätherischen Ebene (Wall, Graben, Steinkreise) zusammen und verbinden den Ort mit der geistigen Welt.

Chartres

Die heutige Kathedrale von Chartres ist seit dem 3. Jahrhundert der sechste Bau an dieser Stelle, einer alten heiligen Stätte der Druiden. Sie ist nur eine der vielen großartigen Monumentalbauten, die hundert Jahre entstanden, nachdem die Tempelritter aus dem Heiligen Land zurückgekehrt waren. Und so steht dieser einmalige Bau auch ganz im Geiste dieses geheimnisvollen Ritterordens.

Ein großer Wasseradermäander umspült wie in Avebury das sakrale Zentrum des Baues und entfaltet durch den so gebildeten offenen Schwingkreis (siehe das Kapitel *Wasseradern*) eine besondere energetische Atmosphäre. Durch das Mäandrieren des unterirdischen Flusses überlappen sich die Spektroiden der Wasserader und bilden über den Maser-Effekt eine stehende vertikale Säule.

Damit nicht genug; es wurden zusätzlich vierzehn künstliche unterirdische Kanäle hier zusammengeführt, wie auch die große Radiästhetin Blanche Merz beschreibt (Abb. 32). Dies bildet zusammen mit der alten heiligen Quelle des Ortes sozusagen den Körper, die materielle Grundstruktur des Platzes. Sie dient den ätherischen Kräften als Anknüpfungspunkt (Quellpunkt) für ihre Organisation und ihr kohärentes

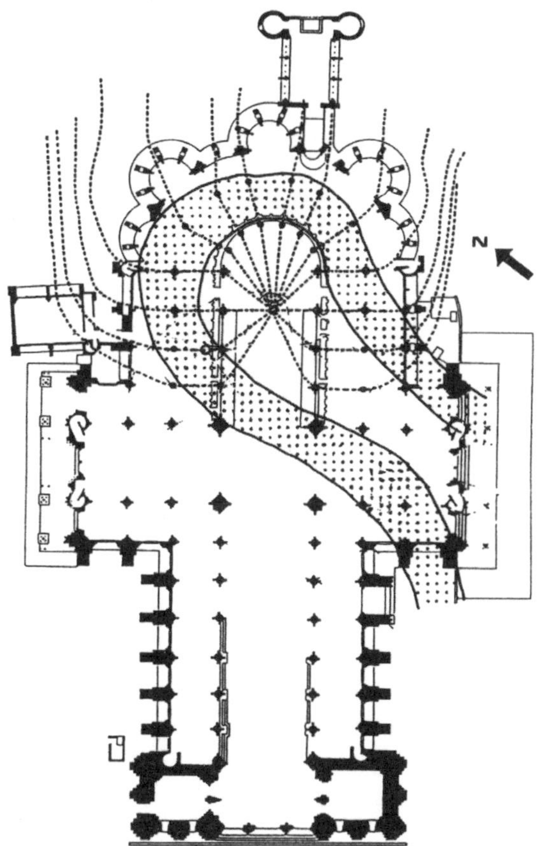

Abb. 32: Grundriß der Kathedrale von Chartres mit künstlichen Kanälen (nach B. Merz) und Wasseradermäander (nach S. Brönnle)

Wirken. So finden sich in Chartres mehrere vertikale Äthersäulen – einstrahlende Punkte – unter anderem im Labyrinth, am heutigen Standort der schwarzen Madonna, sowie im Chor- und Vierungsbereich. War die geologische Struktur sozusagen die Grundlage ihrer Entstehung, so bewirkten Baumaß und Proportionierung der Kathedrale, daß sich diese Qualität resonanzartig im Kirchenraum verbreiten konnte. So wirkt die Kathedrale wie ein Musikinstrument, das den Geist des Ortes faßt, durch seine Form in Schwingung versetzt und in die Welt verbreitet. Mehrere Leylines durchziehen und durchpulsen den Bau und tragen die geistige

Kraft mit sich. Das materielle Prinzip des Ortes vereinigt sich hier ähnlich wie in Avebury mit dem kosmischen Prinzip des Geistes und der Kunstfertigkeit des menschlichen Gestaltungsdranges zu einem einzigartigen Ort der christlich-abendländischen Kultur.

Sanssouci

Auch rund vierhundert Jahre nach dem Bau der Kathedrale von Chartres und viertausend Jahre nach Avebury lassen sich diese geomantischen Urprinzipien in Gestaltungen wiederfinden. Das 1745 - 47 errichtete Schloß Sanssouci in Potsdam wurde so konstruiert, daß – wie in der chinesischen Geomantie des Feng Shui – der Ruinenberg den Rücken des Schlosses schützt. Im Feng Shui wird eine solche Formation »schwarze Schildkröte« genannt. Vor dem Schloß aber bildet das sich absenkende Gelände mit der großen Fontäne den Ming Tang, den Qi-speichernden See vor der Haustür nach. Auf dem Ruinenberg diente ein großes Bassin als Wasserreservoir für die Speisung der Fontänen. Doch auch dieser Platz scheint bewußt gewählt, denn ein großer Einstrahlpunkt auf dem Berg speichert nach dem Prinzip der wechselseitigen Anziehung von Äther und Wasser mit der hier einströmenden ätherischen Kraft auch die geistige Kraft im Wasser des Bassins ab. Über Leitungen wurde dieses Wasser dann zu den Fontänen des Parks gedrückt, die sich entlang der zentralen Achse des Parks aufreihen. Entgegen dem sonstigen Gestaltungstyp im Barock verläuft diese zentrale Achse quer zum Schloßbau. Und auch dies hat seinen Grund, denn sie ist durchpulst von einer Leyline. Das Wasser aber verbindet die geistigen Qualitäten von Berg (Einstrahlpunkt) und Achse (Ley) und schafft so etwas grundsätzlich Neues.

Diese wenigen Hinweise auf zentrale geomantische Orte in Europa sollen lediglich das Zusammenwirken der drei Welten beschreiben und können unmöglich die ganze geomantische Präsenz der Orte selbst erklären. Vielmehr sind sie von einer Vielschichtigkeit, die wohl kaum ein einzelner Mensch erfassen kann! Es konnte aber meines Erachtens gezeigt werden, daß die menschliche Kreativität den Gestaltungsimpuls und damit einen wesentlichen Teil des Ortes ausmacht.

Das eigene Haus

Es geht nicht um die Größe eines Ortes, es geht um die Nähe zu unserer Seele, um seine Bedeutung für den Einzelnen. Hier kann uns – und so wird es in den meisten Fällen sein – unser Haus näherstehen als Chartres und uns daher viel mehr prägen als mancher zentrale Kraftort.

Welche Aspekte sind es nun, die bei der ganzheitlichen Gestaltung von Haus und Wohnumfeld berücksichtigt werden sollten, um einen körperlich, seelisch und geistig optimalen Lebensraum zu schaffen?

Natürlich ist es zunächst wichtig, den Bauplatz des Hauses zu analysieren: Es sollten keine starken geopathogenen Zonen wie geologische Verwerfungen oder linksdrehende Wasseraderkreuzungen vorliegen. Dies kann mit Hilfe der Radiästhesie erfaßt werden. Angesichts der Frequenzspezifik von Wasseradern, geologischen Verwerfungen und anderer oftmals ausschließlich radiästhetisch nachweisbarer Strahlungsquellen wird verständlich, daß auch Strahlungsintensitäten, die unterhalb der Schwelle des Meßbaren liegen, biologische Wirksamkeit entfalten können. Ist es doch vielmehr die übertragene Information (= Frequenz) in Kopplung mit der Polarisation der elektromagnetischen Wellen (= Elektronenspin, in der Radiästhesie als links- oder rechtsdrehend bezeichnet), die positive oder negative Reaktionen des Körpers hervorrufen – oftmals unabhängig von der Intensität. So kamen bereits zwei deutsche Universitäten – das Hygiene-Institut in Heidelberg und ein Institut der TU München – zu dem Schluß: Der Krebs ist standortbedingt.

Auf der anderen Seite kann hier häufig recht einfach Abhilfe geschaffen werden. Wie der Hochfrequenztechniker Ewald Kalteiß ausdrücklich betont, können »Säulen und Gitter als Selektionsmöglichkeit von elektromagnetischer Strahlung« dienen.* »Gleichgültig aus welchem

Material (leitend oder nichtleitend), ob durchlässig oder reflektierend, sind Gitter, Stäbe, Säulen und Formen Bauelemente, die den Verlauf, die Polarisation und Selektion von elektromagnetischer Strahlung verursachen.« Die Form der Architektur kann somit über das Wohl und Wehe seiner Bewohner mitentscheiden. Mit Hilfe antennenphysikalischer Kenntnisse lassen sich über die gezielte Plazierung von Säulen, die in ihren Maßen genau abgestimmt sein müssen, die elektromagnetischen Strahlen einer Wasserader umlenken oder auch in sich selbst reflektieren und damit löschen. Auf ähnliche Weise können linksdrehende Strahlungen umgepolt werden und dadurch zum Aufbau positiver Innenraumatmosphären beitragen. Bei der heute vorherrschenden Verdrahtung der Umwelt empfiehlt es sich auch, auf Überlandleitungen und Trafostationen zu achten und diese räumlich zu meiden. Dies betrifft aber sozusagen nur die körperliche Seite der Geomantie. Im Zweifelsfall lohnt auch die Konsultierung eines Elektrobiologen, um negative Einflüsse des Haus- und Bahnstroms oder von Hochfrequenzeinflüssen (Mobilfunk) auszuschließen.

Mauern – das Gewebe des Hauses

Neben der Bauplatzwahl spielt für einen ganzheitlich optimierten Lebensraum natürlich auch das verwendete Baumaterial eine große Rolle. Es ist das Gewebe des häuslichen Körpers. Allgemein gilt: Natürliche Baustoffe sind meist auch die geomantisch besseren. Hier sollte man einen Baubiologen zu Rate ziehen! Körperlich positiv sind radiästhetisch rechtsdrehende Materialien (Kalk, vor allem Muschelkalk, bestimmte Ton-arten – Ziegel). Da jeder Stein zwei polare Enden besitzt, kann durch die richtige Setzung des Steines im Innern des Hauses eine sehr angenehme Atmosphäre geschaffen werden. Bei alten Maurermeistern sieht man oft, daß sie Steine in der Hand wiegen, sie vor dem richtigen

* Ewald Kalteiß: *Beiträge zur Radiästhesie – Physikalische Aspekte zum Verständnis radiästhetischer Erscheinungen.* Nienburg 1993

Setzen noch einmal drehen oder sie nach dem Setzen dreimal anschlagen. Ein guter Maurer hat die energetische Eigenschaft eines Steines sozusagen im Gefühl und handelt daher intuitiv richtig. (Siehe hierzu auch mein Buch »Das Haus als Spiegel der Seele«, Neue Erde.)

Lebenskraft durch Formensprache

Als weiterer Faktor beeinflußt die Form die ätherischen Strömungen innerhalb des Hauses. Der Äther hat, wie beschrieben, die Eigenschaft, der Formensprache der Landschaft oder des Hauses zu folgen. Er versorgt den Körper des Menschen aber darüber hinaus mit der notwendigen Lebensenergie und sorgt dafür, daß sich geistige Impulse in dem Raum verbreiten. Deshalb sollte der Innenraum so gestaltet sein, daß die ätherischen Kräfte gut zirkulieren können. So werden Körper, Seele und Geist harmonisch genährt. Eine der genannten wichtigen Regeln ist: Dort, wo die Aufmerksamkeit hingeht, dort bewegt sich auch der Äther hin. Betreten wir also einen Raum, und unser Blick wird als erstes durch das gegenüberliegende Fenster nach draußen gelenkt, so fließen auch die psychoenergetischen Kräfte dorthin und verlassen ungenutzt auf direktem Wege den Raum, ohne zu zirkulieren. Um dies zu beheben, reicht es oft schon, ein Fensterbild oder Windspiel in Augenhöhe anzubringen, um die Aufmerksamkeit und damit den Äther nicht nach draußen zu lenken, sondern im Raum umherschweifen zu lassen. Ähnliches gilt natürlich auch für Treppen, die der Eingangstüre gegenüberliegen. Denn auch hier werden Kräfte unmittelbar in die oberen Stockwerke gelenkt, ohne daß dies für die unteren Räume von irgendeinem Vorteil ist. Hier hilft meist nur, die Treppenführung so zu ändern, daß man von der Seite die Treppe betritt. Als Notmaßnahme hilft aber auch ein Spiegel, der die aufsteigenden ätherischen Kräfte reflektiert.

Das Qi ist ein blinder Tänzer

Eine zweite Möglichkeit, sich dem Flußverhalten dieser Qi-Kräfte (oder Äther) anzunähern, ist, seine eigene Bewegungsweise zu beobachten. Gibt es Stellen, an denen ich ständig im Bewegungsfluß behindert werde? Stellen, die vorstehen und die mich zum Stehen bringen? Ein Vorraum etwa, bei dem die beiden Türen sich gegeneinander – zum Vorraum hin – öffnen, wird langfristig den Qi-Strom zum Stocken bringen, da man den Raum nur durch eine Stop-and-Go-Bewegung durchqueren kann. Diese Tatsache beruht auf der Eigenschaft des Äthers, mit Bewegungsprozessen mitzufließen. Eine Wohnung sollte also so gestaltet sein, daß ein blinder Tänzer sich ohne anzustoßen durch sie hindurchbewegen kann. Die Aufmerksamkeit sollte auf die Räume gerichtet sein und nicht sofort nach draußen gelenkt werden.

Darüber hinaus können bestimmte Gegenstände die ätherische Versorgung der Räume heben. Dazu zählen z. B. Fotografien von Wäldern oder Wasserfällen, geweihte Gegenstände oder auch einfach ständig frische Blumen.

Hier gilt natürlich, wie so oft, daß auch ein Zuviel schädlich sein kann. Eine Überfrachtung der Wände mit Bildern oder der Regale mit Devotionalien bewirkt eher eine Chaotisierung des Äthermilieus, weniger ist da oft mehr. Wir sollten uns bewußt sein, daß jeder Gegenstand sich auf Dauer mit Äther quasi auflädt – je älter daher die Gegenstände sind, mit denen wir uns umgeben, um so mehr Ätherkräfte sammeln sich an, die aber auch negativ geladen sein können. Nicht zu vergessen ist, daß jeder Gegenstand die Information des Vorbesitzers mitträgt – also Vorsicht bei Antiquitäten! Auf der anderen Seite bewirkt die Aufladung der Gegenstände mit den eigenen Ätherkräften eine positive Raumatmosphäre, da Raum und Körper dieselbe Schwingung haben, und jeder weggeworfene Gegenstand bringt auch ein Stück von uns selbst mit auf den Müll.

Der Schlafbereich sollte grundsätzlich eher neutral sein; der Bettplatz nicht im Einflußbereich von Kabeln und elektrischen Geräten wie Fernsehern und Radioweckern liegen (siehe dazu auch das Buch *Der*

Mensch im Kraftfeld der Technik von Ulrich Dierssen und Stefan Brönnle), nicht über Wasseradern oder radiästhetischen Gitternetzkreuzungen stehen und das Schlafzimmer nicht mit Erinnerungen, Büchern oder gar Antiquitäten überfrachtet sein, sonst wird der Schlaf unruhig, und Krankheiten sind vorprogrammiert. Das Bett sollte aber auch prinzipiell nicht zwischen Tür und Fenster gestellt werden. Wie oben beschrieben, entsteht hier ein Aufmerksamkeitszug, der unsere psychische Energie quasi über das Bett lenkt. Wie bei einem Durchzug wird der Ätherkörper des Menschen im Schlaf von diesem Ätherfluß abgelenkt und das Träumen ruhelos.

Das Haus als Spiegel der Seele

Doch das Haus ist mehr, es steht mit uns in unmittelbarer Resonanz. Das Haus ist ein Spiegel unseres Selbst, unserer unbewußten Wünsche, Verletzungen, Stärken, unserer Vergangenheit und unserer Zukunft. Die Wohnung ist – nach der physischen und textilen »Haut« – sozusagen unsere »dritte Haut«, und wie man weiß, kommt man da nicht so einfach heraus. Wohnung und Haus können uns aber auch als ein Wegweiser dienen, der uns selbst verstehen hilft und der es uns ermöglicht, Absichten und Vorsätze Wirklichkeit werden zu lassen. In welcher Himmelsrichtung unsere Eingangstüre liegt, in welche Himmelsrichtung Fenster weisen und welche durch Mauern »gehemmt« sind, wo große und wo kleine Räume liegen, all dies und noch viel mehr kann uns als ein Spiegel, als ein »Horoskop« unserer Persönlichkeit dienen. Die Astrologie beschäftigt sich im allgemeinen mit Zeitqualitäten. Dennoch gibt es viele Ansätze, astrologische Prinzipien sozusagen zu verräumlichen und so die astroarchetypischen Einflüsse von Raumqualitäten zu erkennen. Die Astrogeographie ist ein solcher Ansatz, die Standortastrologie ein weiterer. In der Geomantie wird dagegen häufig ein Ansatz genutzt, den ich gerne als »Raumhoroskop« bezeichne. Was für den Astrologen das Horoskop ist, das ist für den Geomanten der

Wohnungsgrundriß einer Person. Geomanten können die Wirkung des Ortes auf den Menschen ebenso deuten, wie sie die Raumgestaltungen des Menschen zu interpretieren wissen. Die Geomantie ist wie die Astrologie ein Deutungssystem, das auf dem Analogiedenken basiert. In der Geomantie wird eine solche Zeitqualität sozusagen verräumlicht: Der Jahreskreis hat seine analogen Entsprechungen in Richtungsqualitäten. Der Winter entspricht dem Norden, der Osten dem Frühling, der Süden dem Sommer und der Westen dem Herbst. Die Kardinalpunkte werden von den beiden Sonnwenden und den beiden Tagundnachtgleichen bestimmt. Die Wintersonnwende am 22.12. mit dem tiefsten Sonnenstand kommt so genau auf dem Norden zu liegen, die Frühlings-Tagundnachtgleiche am 21.3. auf dem Osten, die Sommersonnwende am 21.6. auf dem Süden und die Herbst-Tagundnachtgleiche am 22.9. auf dem Westen. Diese Daten aber sind zugleich astrologisch die Anfangstage der Sternzeichen Steinbock, Widder, Krebs und Waage. So entfächert sich nun der Zodiak räumlich, anders herumdrehend als im Horoskop gewohnt, daher nenne ich das Schema auch gerne das »Raumhoroskop«. Im Osten liegen Widder und Fische. Lamm und Fisch sind beides Christusattribute, die im christlichen Sakralbau symbolisch im Osten, am Hauptaltar zu finden sind. Im Westen steht die Jungfrau und die Waage, so wie in manchen Kirchen – z.B. dem Augsburger Dom mit einem Westchor (!) – im Westen Marienaltäre zu finden sind. Oder aber auch Michaelskapellen, die wir bevorzugt im Westwerk antreffen: Michael, der Engel mit der Seelenwaage.

Im Profanbau gibt uns ein solches Raumhoroskop ähnlich dem Feng Shui Aufschlüsse über die bewußten und unbewußten Wünsche der Hausbewohner, ihre Stärken und ihre Schwächen. Ja, sogar Krankheitsbilder können sich über die astrologisch-symbolischen Zuordnungen der Körperregionen und -organe zu den Tierkreiszeichen im Hausgrundriß zeigen.

Fenster öffnen das Haus in eine bestimmte Himmelsrichtung, Mauern (Saturnprinzip) dämpfen oder verschließen die hereinkommende Qualität einer Himmelsrichtung. Die Eingangstüre ist ein besonders starker Bote einer bestimmten Richtungsqualität. Die Himmelsrichtung, in der die Eingangstüre von der Mitte des Hauses aus betrachtet liegt und in welche Richtung sie weist, zeigen grundlegende psychische oder physische Themen der Bewohner an. Oft ist es verblüffend, wie stark sich sogar aktuelle Themen in der Wohnung spiegeln.

Der Wohnungsgrundriß gibt uns vor, wie der Bewohner die Archetypen des Zodiaks lebt und mit welchen Prinzipien er sich sozusagen in Spannung befindet, was sich auf körperlicher Ebene in Gesundheitsthematiken äußern kann.

Eine Klientin wünschte sich z. B., ihren neuen Heilberuf stärker leben zu können, doch wie sie selbst es formulierte: »Irgend etwas klemmt noch!« Als ich sie bat, die Wohnung besichtigen zu dürfen, zeigte sie mir alle Räume bis auf einen. In diesem, so die Klientin, hätte eine befreundete Mitbewohnerin gewohnt. Diese wäre aber gerade dabei, auszuziehen. Die Klientin hätte mir das Zimmer gerne gezeigt, doch sie konnte den Schlüssel nicht finden, es blieb einstweilen verschlossen. Das Zimmer lag von der Wohnungsmitte aus im STIER (Südosten), einer Himmelsrichtung, die mit Körperlichkeit, Genuß, aber auch Heilungsprozessen assoziiert wird. So bildet der STIER auch die polare Richtung zum SKORPION (Nordwesten: einem starken Symbol des »Stirb und Werde«). Irgend etwas »klemmte« noch in dem Bedürfnis, Ihren Heil-Beruf leben zu können! Die Tür war verschlossen!

Durch symbolische Gestaltungen in den entsprechenden Himmelsrichtungen können diese Archetypen in unserer Seele geweckt werden. Wir öffnen uns den bislang verdrängten Bedürfnissen und erschaffen so auch im Außen Ereignisse, die diese befriedigen können. Nachdem eine Klientin sich eingestanden hatte, wie einsam sie war, und sie in den Westen, die WAAGE, zwei Rosenquarzherzen gelegt hatte, veränderte sich binnen vier Wochen ihr Leben dramatisch. Sie hatte eine ziemlich heftige Liebesaffäre. Die WAAGE repräsentiert das DU, das Gegenüber, die Partnerschaft... Näheres zu dieser Arbeitsweise erfahren Sie in meinem Buch *Das Haus als Spiegel der Seele* (Neue Erde).

Der Garten als Brücke zwischen Innen und Außen

Natürlich endet die Geomantie nicht an der Haustür, sie greift über in den Garten und die gesamte Umgebung. Auf rechtsdrehenden radiästhetisch nachweisbaren Zonen plazierte Springbrunnen zum Beispiel versorgen nicht nur den Garten mit positiven Kräften, sondern lassen diese auch auf das Haus übergreifen. Eine Thuja-Hecke dagegen schirmt bis zu einem bestimmten Grad äußere Einflüsse ab – leider auch die guten. Achten Sie einmal darauf, mit welchem Ihrer Nachbarn Sie Kontakt haben; meist ist zu den Nachbarn, die ihr Grundstück mit einer hohen Thujahecke umgeben haben, ein persönlicher Kontakt nur schwer herzustellen, obwohl man Tür an Tür mit ihnen wohnt.

Wählen Sie Pflanzen also nicht ausschließlich nach ästhetischen Kriterien aus, sondern nach ihrer ätherischen und geistigen Wirksamkeit – wie im Kapitel *Bäume als Kraftpumpen* und *Die ätherische Kraft der Kräuter und Stauden* beschrieben. Gerade die langsamwachsenden Bäume sollten auf langfristig gesetzte Ziele und damit auf den Kern Ihres Charakters ausgerichtet sein, d.h. wählen Sie z.B. die Ulme, wenn Sie Ihre Kommunikationsfähigkeit (Merkur-Prinzip) verbessern wollen, oder die Esche, um Freude in Ihr Leben zu bringen und sich den Herzenskräften der Sonne zu öffnen.

Mit Stauden dagegen können Sie kurzfristig, mit einjährigen Pflanzen jährlich auf Ihre aktuellen Bedürfnisse eingehen. Bevor Sie jedoch Ihren Garten umbrechen, ein guter Rat: Warten Sie zunächst ab, was von allein in Ihrem Garten wächst und lassen Sie der Natur Raum. Denn die Pflanzen Ihrer Umgebung gehen mit Ihnen in Resonanz und lassen im Äußeren erkennen, was Sie im Innern benötigen (Übersicht 14 gibt einen Abriß der Zuordnungen; weitere Wirkungen der Pflanzen finden Sie in meinem Buch *Der Paradiesgarten*).

Übersicht 14: Die geistige und seelische Resonanz der Pflanze

Pflanze	*Hilfe für*
Angelika	Angriffe von außen, Angst, Entscheidungsschwäche
Anis	Angst, Trost
Baldrian	Ruhe und Gelassenheit, Streß, Rastlosigkeit
Basilikum	Überanstrengung und Erschöpfung, Selbstvertrauen
Beifuß	Konzentration auf das Wesentliche
Dill	(seelische) Verdauung, Aufarbeitung, Überwindung von Blockaden
Fenchel	Verarbeiten von Gefühlen
Ginster	Depressionen
Johanniskraut	Depressionen, Kreislauf, solare Rhythmen
Kamille	Angst, Schmerz, Ärger
Karotte	Vorurteile, Gedankenenge
Lavendel	innere Unordnung, schlechte Gedanken
Liebstöckel	gefangen im Netz der Probleme
Melisse	Überreizung, Streß, Depressionen, Herzbelastung
Nelke	Loslassen alter Belastungen, frei für neue Erfahrungen
Petersilie	innerer seelischer Druck
Pfefferminze	wenn sich Gedanken im Kreis drehen
Rose	Milde, Güte, Verständnis
Rosmarin	schwache Ich-Kräfte
Schafgarbe	alte Wunden heilen, Erinnerungen
Storchschnabel	Depressionen, emotionale Belastungen
Thymian	seelische Schwäche, Mut
Veilchen	seelischer Schock, Trennung
Verbene	beruhigt Gedanken

Stärken Sie durch Aussaat der Pflanzen lediglich dieses Prinzip, bis Ihr Bedarf gestillt ist, dann kann es geschehen, daß plötzlich während eines Jahres z. B. die Schnecken den Bestand einer einzigen Pflanzenart so dezimieren, daß neue Arten mit neuen seelischen Resonanzen emporwachsen können.

Ähnlich wie Sie die Pflanzen zur Gestaltung der seelischen Qualitäten Ihres Gartens einsetzen können, so auch Steine. Im Kapitel *Sonderkarten* hatte ich bereits auf die Qualitäten der Steine nach Michael Gienger verwiesen. Nehmen Sie also als Pflasterbelag nicht einfach Betonverbundstein, sondern überlegen Sie, welches Prinzip Sie stärken wollen: Primärgestein, um Ihr seelisches Potential zu entwickeln, Sekundärgestein, um erstarrte Prägungen zu lösen, oder Tertiärgestein, um das in Ihnen zu wandeln, was nicht von Dauer ist.

Auf diese Weise lassen sich auch die übermäßigen Wirkungen des Untergrundgesteines ein wenig abmildern und ergänzen. Gleichzeitig ist Gestein auch ein guter Ätherspeicher und Leiter. So können Sie ätherische Ortsorgane durch Steinsetzungen fixieren oder Äther auch in geringen Mengen leiten. Dazu müssen die Steine (z. B. in einer Kräuterspirale) mit den polaren Enden so aneinandergesetzt sein, daß ein ätherischer Zug (siehe z. B. Übung 8, S. 101) entsteht und bestimmte Äther weitergeleitet werden.

Auch Wasser ist im Garten vielseitig einsetzbar. Seine Haupteigenschaft ist die Aufnahme von Ätherkräften und Informationen. Durch einen kleinen künstlichen Bach mit Umwälzpumpe können Sie daher ins Stocken geratene Ätherflüsse erneut dynamisieren oder durch das Setzen von Springbrunnen auf rechts drehende Kreuzungsphänomene (wie z. B. des Diagonalgitters) eine wohltuende, anregende Wirkung im Garten verbreiten. Setzen Sie vor dem Bau des Brunnens einen Edelstein oder das Wasser einer heilkräftigen Quelle in einem Fläschchen auf die Kreuzung, so wird der darüber plazierte Brunnen später diese Information mit verbreiten.

Weiterführende Literatur zum Kapitel

Blanche Merz: *Orte der Kraft.* Institut des Recherches en Geobiologie, Chardonne 1987/1999

Stefan Brönnle: *Das Haus als Spiegel der Seele.* Neue Erde, Saarbrücken 2007

Stefan Brönnle: *Der Paradiesgarten.* AT, Aarau 2001

Ulrich Dierssen, Stefan Brönnle: *Der Mensch im Kraftfeld der Technik.* Neue Erde, Saarbrücken 2009

Harald Jordan: *Räume der Kraft schaffen – Der westliche Weg ganzheitlichen Wohnens und Bauens.* Bauer, Freiburg 1997, Neuauflage: AT, Baden + München 2004

Ausklang

Das Leben und Wirken auf der Erde ist ein Spiel der Kräfte. Materielle, ätherische und geistige Kräfte durchdringen und bedingen einander, resonieren miteinander, wirken einander entgegen und stören sich; erzeugen Harmonie und Dissonanz. Es entsteht ein vielfältiges Zusammenwirken der drei Welten, die die unterschiedlichsten Qualitäten erzeugen. Oder wie Laotse es ausdrückte:

»Aus dem Dao entsteht das Eine;
Das Eine erzeugt die Zwei;
Die Zwei schafft die Drei;
Die Drei aber schafft die zehntausend Dinge.«
Laotse: *Tao Te King*, Spruch 42

Und mitten in diesem kosmischen Spiel steht der Mensch. Er wirkt mit auf allen drei Ebenen: Er gräbt die Erde um und bildet Bauten; er stößt mit seinen gelebten Emotionen fortwährend ätherische Kräfte aus und prägt mit seinem Geist die Zukunft der Erde.

Er hat damit eine ganz besondere Aufgabe im Wirkungsgeschehen. Er ist kein willenloser Spielball der Kräfte wie eine Billardkugel, die mal hier-, mal dorthin gestoßen wird, sondern er ist ein freier Geist und bestimmt wenigstens zum Teil selbst die Regeln. Dies ist das »Macht Euch die Erde Untertan« der Genesis.

Daher besitzt der Mensch eine große Verantwortung für sein Tun und Lassen. Die Geomantie dient ihm dabei als ein Werkzeug des Verständnisses und der bewußten Beeinflussung.

Die Geomantie ist deshalb kein Spiel, sondern das bewußte Übernehmen der Verantwortung für das Handeln auf und mit der Erde. Wenden Sie also keine der genannten Übungen oder Techniken unbedacht an. Sie müssen nicht, aber Sie können hochwirksam sein. Spielen Sie nicht mit Einwirkungen auf der ätherischen oder geistigen Ebene herum, ohne sich vorher über das Warum klar geworden zu sein.

Auf der anderen Seite wird der Mensch getragen und geliebt durch die Große Mutter, den »Göttlichen Urgrund«, wie Laotse meint. Wie eine Mutter oder ein Vater auch übermütige und unbedachte Verletzungen durch ihre (seine) Kinder duldet, so duldet die Erde, die Natur, geduldig das, was zu unserer Bewußtwerdung nötig ist, denn unser Bewußtsein ist ihr Bewußtsein. Jeder Fehler, jedes Versagen, jeder Schmerz, jede Krankheit – ob im Menschen oder in der Natur – führt zu mehr Bewußtheit und wird daher letztendlich getragen im großen Spiel der Kräfte. Haben Sie also Mut zu experimentieren und zu lernen. Es gibt nur einen Fehler, den Sie wirklich begehen können: die Bewußtlosigkeit!

Glossar

Aquastat Der Begriff des Aquastats stammt aus dem angelsächsischen Raum. Man fand radiästhetisch wasserähnliche Resonanzerscheinungen. Guy Underwood schildert sie u. a. in seinem Klassiker »The Pattern of Past« (1977). Irrtümlich hielt man die Linien für stehendes oder statisches Wasser (»Aqua-stat«). Aquastate sind Linien aus Luftäther. Da dieser sich bei Bewegungsprozessen verdichtet, findet man Aquastate häufig neben Wasseradern. Aquastate verbinden aber auch geistige Fokuszentren untereinander.

Äther In der Physik gilt der Äther als Trägermedium für die Ausbreitung elektromagnetischer Wellen. Im anthroposophischen Sinne ist er »Bildekraft«, also formgebende (morphogenetische) Kraft. Im Sinne spiritueller Lehren ist er (verwandt den Begriffen Prana, Qi, Od, Pneuma, u. a.) ein Zwischenmedium zwischen Geist und Materie.

Chakra Mit Chakra (Sanskrit: Rad, Diskus, Kreis) werden die im Hinduismus und Buddhismus postulierten subtilen Energiezentren zwischen dem Körper und dem Astral- bzw. Ätherkörper des Menschen bezeichnet.

Currygitter Ein radiästhetisch auffindbares Gitternetz, dessen Reaktionszonen in den Zwischenhimmelsrichtungen liegen mit einer Maschenweite von 3 - 4 Meter. Benannt nach Dr. Manfred Curry. Andere Namen: Diagonal-, Sakral-, Wachstums-, Lebenskraftgitter.

Dantien Das Dantien (chinesisch »himmlische Halle«) ist ein im Daoismus und der chinesischen Medizin postuliertes Energiezentrum ähnlich dem indischen Chakra. Allgemein geht man von drei Dantiens aus, die im Bauchnabelbereich, Brustbereich und Kopfbereich sitzen. Spricht man von *dem* Dantien, so ist stets das Dantien im Bauchraum gemeint, das in chinesischen Übungssystemen wie dem Qigong oder dem Taijiquan eine wesentliche Rolle spielt.

Elektrosmog Das Wort »Elektrosmog« hat sich im deutschen Sprachraum als Sammelbezeichnung für alle technisch erzeugten elektrischen und magnetischen Felder durchgesetzt. Der Begriff »Smog« setzt sich zusammen aus den englischen Wörtern »smoke« für Rauch und »fog« für Nebel und steht somit für eine chemisch-physikalische Belastung der Umwelt. Elektrosmog seinerseits ist ein Kunstwort, das diese Belastung auch auf elektromagnetische Felder anwendet.

Flowform Deutsches Äquivalent: »Wirbelschale«. Die »Flowform-Methode« wurde ursprünglich von dem englischen Bildhauer und Naturforscher A. John Wilkes entdeckt und seither kontinuierlich und vielfältig ausgearbeitet. In der annähernd herzförmigen Schale erhält durchfließendes Wasser eine Verwirbelung. Diese versetzt es in eine Pulsation, die das Wasser befähigt ätherische Kräfte aufzunehmen.

Geomantie aus GEO = Erde und MANTIK = Interpretationskunst. Die Kunst, Lebensräume nach den Bedürfnissen der menschlichen Seele im Einklang mit der Ortskraft zu gestalten.

Geomantische Zone Ein geradlinig verlaufendes geomantisches Phänomen, das aus einer ungeradzahligen Anzahl radiästhetischer Reaktionszonen besteht und Bezüge zu Kultplätzen aufweist. In der Regel rechts-zirkulare, schwach energetische Bündel elektromagnetischer Wellen mit bestimmten Wellenlängen in Form stehender Wände. Nach Auffassung des Autors eine ätherische Erscheinung.

Gitternetz Radiästhetische Reaktionszone in Form meist rechtwinkliger Gitter mit unterschiedlichen Maschenweiten. Am bekanntesten sind das Hartmanngitter und das Currygitter.

Hartmanngitter Ein radiästhetisch auffindbares Gitternetz, dessen Reaktionszonen in den Haupthimmelsrichtungen liegen mit einer Maschenweite von 2 - 2,5 Meter. Benannt nach Dr. Ernst Hartmann. Andere Namen: Global-, Macht-, Ordnungsgitter.

Internodium Als ein Internodium oder internodales Segment (von lateinisch *inter* = zwischen und *nodus* = Knoten) bezeichnet man bei einer Pflanze den Teil einer Sproßachse, der zwischen zwei Knoten (den Ansatzstellen der Blätter) liegt.

laminare Strömung Die laminare Strömung (von lat. *lamina* = Platte) ist die Bewegung von Flüssigkeiten und Gasen, bei der keine Turbulenzen wie Verwirbelungen auftreten. Das Fluidum strömt in Schichten, die sich nicht vermischen.

Ley auch **Leyline**. Im ursprünglichen, von Alfred Watkins geprägten Sinne, ist ein Ley eine Alignement, eine lineare Ausrichtung von bedeutungsvollen, meist heiligen Orten. Im erweiterten Wortsinn sind Leylines meridianähnliche geradlinige ätherische Systeme.

Longitudinalwelle Eine Welle, die in Richtung ihrer Ausbreitung schwingt. Die bekannteste Longitudinalwelle ist der Schall. Aber auch Skalarwellen sind longitudinale Wellen. Bei der Ablösung elektromagnetischer Felder an einer Antenne entstehen im Nahbereich zunächst Wirbel, die sich im Fernfeld in die bekannte elektromagnetische Welle umformen. Die Feldwirbel mit den Eigenschaften einer Longitudinalwelle werden in der Mathematik und auch von Prof. Konstantin Meyl als »Skalarwelle« bezeichnet.

Maser-Effekt Maser ist die Abkürzung für *Microwave Amplification by Stimulated Emission of Radiation* (Mikrowellenverstärkung durch stimulierte Emission). Der technische Maser arbeitet mit Mikrowellen im Frequenzbereich um 1,4 GHz (Wasserstoff-Maser). Der Maser-Effekt ist ein Resonanzeffekt, bei dem die Energiedifferenz des atomaren Übergangs die Resonanzfrequenz bestimmt. Strahlungen, die z.B. eine Gaswolke durchdringen, können sich u.U. durch diesen Resonanzeffekt verstärken. Der Maser–Effekt wird in der Radiästhesie als theoretisches Erklärungsmodell für bestimmte Erscheinungen herangezogen, bei denen bestimmte Wellenlängen auf bestimmte Materialien treffen und diese zur verstärkten Eigenstrahlung anregen.

Oktavierung Die Oktavierung in der Musik ist die Versetzung eines Tones um eine Oktave. Physikalisch gesehen wird bei der Oktavierung nach *oben* (*Hochoktavierung*) die Frequenz des Tones *verdoppelt* (bzw. die Wellenlänge halbiert), beim Oktavieren nach *unten* (*Tiefoktavierung*) wird die Frequenz *halbiert* bzw. die Wellenlänge verdoppelt.

Orgon Ein von Wilhelm Reich geprägter Begriff für eine feinstoffliche Kraft (»primordiale kosmische Energie«). Reich prägte diesen Begriff aus dem Wortstamm der Wörter »Organ« und »Orgasmus«; für Reich eine Kraft, die alles Lebendige erfüllt.

Radiästhesie Wörtlich: »Strahlenfühligkeit«, aus lat. *radius* = Strahlung und griech. *aisthetikos* = Wahrnehmung. Die Kunst, mit Hilfe von Pendel, Einhandrute oder Wünschelrute (u.a. Geräten) Aussagen über die Ortsqualität zu treffen.

Schumannwelle Die nach dem deutschen Physiker Winfried Otto Schumann (1888 - 1974) benannte Welle, die sich zwischen Erdoberfläche und Ionosphäre in Folge des Hohlraumresonatoreffekts aufbaut. Die Schumannwelle hat eine Frequenz von etwa 7,8 Hertz.

Spektroide Eine Spektroide ist eine räumliche Strahlungsstruktur, wie sie über Wasseradern oder geologischen Verwerfungen entsteht. Bei Wasseradern besteht die Spektroide im wesentlichen aus einer Schwerpunktzone und einer Hauptzone sowie sogenannten Ankündigungszonen, die sich symmetrisch über der Wasserader auffächern. Bei einer Verwerfung entfächert sich die Spektroide asymmetrisch. Die optikähnlichen Eigenschaften der Mikrowellen lassen es zu, hier die physikalischen Gesetzmäßigkeiten der Optik zur Anwendung zu bringen. So erzeugt die Brechung des Lichtes an einem Prisma eine Farbspektroide.

Stehende Welle Eine stehende Welle (im engeren Sinne) entsteht aus der Überlagerung zweier gegenläufig fortschreitender Wellen gleicher Frequenz und gleicher Amplitude. Ist die Amplitude nicht gleich, so bilden sich keine ortsfesten Knoten und Bäuche, folglich auch keine stehende Welle. Die Wellen können aus zwei verschiedenen Erregern stammen oder durch Reflexion einer Welle an einem Hindernis entstehen.

Verwerfung Auch »geologische Verwerfung« oder »geologische Störzone« genannt. Verschiebungen benachbarter Gesteinsschichten in der Erdkruste. Sie erzeugen ähnlich einem Spalt eine Brechung der Spektroide und fächert diese asymmetrisch auf.

Wasserader Unterirdisch gebündelt fließendes Wasser. Eine Wasserader erzeugt einen Linseneffekt, der das aus dem Erdkern austretende »weiße Rauschen« in seine Spektroide zerlegt. Die Spektroiden einer Wasserader sind symmetrisch aufgefächert.

Zwieselung Auch Zwiesel genannt. Eine Zwieselung ist eine Gabelung des Hauptstammes. Nach klassischer botanischer Deutung entsteht sie durch eine Beschädigung der Jungtriebe. In der Geomantie und Radiästhesie gilt die Zwieselung als ein Zeiger für eine unter dem Baum befindliche Wasserader.

Abbildungsverzeichnis

Stefan Brönnle: Abb. 1, 5a, 6-10, 12, 13, 15, 16, 18, 21, 25-29, 31, 32

Stefan Brönnle, Umsetzung: Humantouch: Abb. 2

Peter Hadorn: Abb. 3

Historischer Stich Speculum Metallurgiae: Abb. 4

Daniela Schneider nach Vorlagen von Stefan Brönnle: Abb. 5b+c, 17, 20, 23, 24

Unbekannt: Abb. 11, 14, 19a, 22, 30

Historische Quelle: Abb. 19b

Weiterführende Adressen

I. Radiästhesie:

Qualifizierte Radiästheten vermitteln Ihnen die Landesverbände der Radiästheten:

In Österreich:

Österreichischer Verband für Radiästhesie und Geobiologie
Koppstrasse 89-93/3/2, A-1160 Wien
Tel: + 43 - (01) 408 18 83
Fax: + 43 - (01) 402 4220
Bürozeit: Mittwoch 14.00 - 19.00 Uhr
info@radiaesthesieverband.at
www.radiaesthesieverband.at

In Deutschland:

Forschungskreis für Geobiologie
Dr. Hartmann e.V.
Adlerweg 1, D-69429 Waldbrunn-Wk.
Tel. +49 - (0) 62 74 - 912 100
Fax +49 - (0) 62 74 - 912 109
Bürozeit: Mo-Fr 8.30 - 12.30 Uhr
info@geobiologie.de
www.geobiologie.de

Radiaesthesieverein Deutschland e.V. (RVD e.V.)
Vechtestr.2
D-33775 Versmold
Tel. +49 - (0) 54 23 - 47 33 32
Fax +49 - (0) 54 23 - 201 850
info@rvdev.de
www.rvdev.de

In der Schweiz:

Gesellschaft für Radiästhesie und Geobiologie Region Basel
Postfach
CH-4002 Basel
info@pendelbasel.ch
www.pendelbasel.ch

VRGS
Verband Radiästhesie und Geobiologie Schweiz
(Präsident)
Alfred Gloor
Steiacherweg 1, CH-6289 Müswangen
Tel. +41 - (0) 41 760 69 46
Fax +41 - (0) 41 760 69 47
info@vrgs.ch
www.vrgs.ch

II. Geomantie:

Seminare und Vorträge:

Inana – Geomantieschulungen
Kloster Moosen 12, D-84405 Dorfen
Tel: +49 - (0) 80 81 - 952 99 09
Fax: +49 - (0) 80 81 - 84 85
geomantie@inana.info
www.inana.info

Geomantische Beratungen und Gestaltungen (Elektrobiologische Orientierungsmessungen, Radiästhesie, Erdheilung, Feng Shui, u. a.)

Büro für geomantische Planung
Dipl. Ing. Stefan Brönnle
Kloster Moosen 12, D-84405 Dorfen
Tel: +49 - (0) 80 81 - 87 61
Fax: +49 - (0) 80 81 - 84 85
Sbroennle@aol.com
www.stefan-broennle.de

Weitere Titel in unserem Programm:

Die Wohnung und das Haus sind eng mit unseren Wünschen, unseren Bedürfnissen, aber auch unseren Schatten verbunden. Sie sind ein Spiegel unserer Seele. Was für Astrologen das Horoskop ist, das ist für Geomanten der Wohnungsgrundriß. Geomanten sind Menschen, die die Wirkung des Ortes auf den Menschen ebenso zu deuten wissen, wie sie aus der Raumgestaltung auf den Menschen schließen können.

Der ausgewiesene Fachmann und Geomantie-Ausbilder Stefan Brönnle stellt in diesem Buch in einfachen und leicht nachvollziehbaren Schritten vor, wie wir Harmonie in unserem Haus schaffen – die zurückgespiegelt in unsere Seele

Stefan Brönnle
Das Haus
Als Spiegel der Seele
Paperback, 144 Seiten, zahlreiche Abbildungen
ISBN 978-3-89060-254-7

Das Urbild des Gartens ist der Paradiesgarten, jener Ort oder Zustand, wo Geist und Materie, Mensch und Natur noch eins waren. Einen solchen Garten kann jeder bei sich zu Hause erschaffen: Gärten, die Kraft spenden, Gärten, die Sinn geben, Gärten, die zur Erkenntnis verhelfen. Anhand vieler Beispiele für geomantische Gestaltung in der Gartenkunst, die auch heute in unserem Raum noch zu besichtigen sind, gibt der Autor uns viele Belege für das Zusammenwirken von Mensch und Landschaft.

Stefan Brönnle
Der Paradiesgarten
Gärten der Kraft planen und gestalten
Paperback, 208 Seiten, mit vielen Abbildungen
ISBN 978-3-89060-556-2

Geistwesen, Naturwesen, Elementare, Elementale, Engel, Seelen, Phantome, Geister... Namen und Benennungen gibt es unglaublich viele. Der Raum um uns, so scheint es, ist von geistigen Wesenheiten erfüllt. In seinem neuen Buch geht Stefan Brönnle in gewohnt gründlicher Weise auf die unterschiedlichen Ebenen und Phänomene der ätherischen Welt ein. Ausgehend von einem Blick in die Geschichte und auf unterschiedliche Betrachtungsweisen von Paracelsus bis zur Quantenphysik, behandelt er die unterschiedlichen geistigen Wesen wie Engel und Elementale, um uns schließlich zur Erfahrung des Geistes in der Materie in uns zu führen.

Stefan Brönnle
Geistige Wesen
Engel, Elementale und das Ätherische
Paperback, 176 Seiten
ISBN 978-3-89060-601-9

Infrarot, Ultraschall, Röntgenstrahlen, das mikroskopisch Kleine... Daß es vieles gibt, was wir nicht wahrnehmen können, was aber trotzdem wirklich ist, weiß jedes Kind. Und es gibt Dinge, die uns auch technische Hilfsmittel nicht zeigen, die aber mit einer darauf ausgerichteten Wahrnehmung zu erkennen sind. Dieses Buch möchte Grenzen unserer Vorstellung sprengen, die uns daran hindern, unsere »übersinnlichen« Sinne zu nutzen. Mit vielen praktischen Übungen beweist uns Stefan Brönnle: Jede/r kann hellsehen.

Stefan Brönnle
Grenzenlose Sinne
Intuition-Empathie-Hellsehen
Das Grundlagen- und Arbeitsbuch zur Fernwahrnehmung
Paperback, 144 Seiten
ISBN 978-3-89060-269-1

Ob Handystrahlung krank macht, an dieser Frage scheiden sich die Geister, und viele wollen es auch gar nicht wissen. Anhand vieler nüchterner Informationen und aus ihrer langjährigen Erfahrung tragen die Autoren in diesem Buch viele Belege für die Schädlichkeit des Elektrosmogs zusammen Aber sie wollen nicht verteufeln, sondern aufklären und uns sensibilisieren, damit wir mehr auf diese allgegenwärtige Gesundheitsgefahr achten.

Ulrich Kurt Dierssen, Stefan Brönnle
Der Mensch im Kraftfeld der Technik
Unsere körperliche, seelische und geistige Resonanz zum Elektrosmog
Paperback, 176 Seiten, mit Tabellen und Glossar
ISBN 978-3-89060-527-2

In diesem Buch werden uns die Märchen in ihrem symbolischen Gehalt entschlüsselt, als bildmächtige Parabeln für tatsächlich stattfindende Ereignisse, seien es der Tanz von Sonne und Mond, die Zyklen der Natur oder die Reise der Seele.

Es sind tief verstandene Zusammenhänge, von denen die Märchen berichten, und sie wurzeln in einer Zeit, als das Mütterliche vorherrschte und ein partnerschaftliches Verhältnis zwischen der Natur, der Erde und dem Menschen bestand. Der heutige Mensch leidet unter der Seelenlosigkeit seines Intellekts, der so vieles versteht, aber nichts in seinem Zusammenhang wirklich sieht.

Für dieses Sehen in ganzheitlichen Bildern öffnen uns die Märchen die Sinne, und sie gemahnen uns an unsere ureigene Aufgabe als Menschen: Mitschöpfer zu sein im Zusammenspiel der Naturkräfte der Erde.

Stefan Brönnle
Märchen – Mythologische Brücke zu einem neuen Erdbewusstsein
Paperback, 128 Seiten
ISBN 978-3-89060-741-2

Feng-Shui ist in aller Munde, aber die wenigsten wissen, daß Feng-Shui nur ein Aspekt der traditionellen Wissenschaft der Geomantie ist. Um Geomantie zu verstehen, muß man sich auf das Unsichtbare einlassen, eine ganzheitliche Wahrnehmung entwickeln. Die Autorin öffnet in diesem Buch den Blick auf überzeugende Weise. Zuerst erklärt sie die Grundlagen der Geomantie, die auf einem traditionellen Wissenschaftsbild beruhen. Ohne ein Verständnis dieser Grundlagen – alles ist Schwingung, die Erde ist ein Lebewesen, es gibt unsichtbare feinstoffliche Dimensionen – ist Geomantie nicht möglich, bedeutet doch schon das Wort: »die Erde erspüren«.

Petra Gehringer
Geomantie
Wege zur Ganzheit von Mensch und Erde
Überarbeitete Neuauflage, Paperback, 416 Seiten, viele teils farbige Abbildungen
ISBN 978-3-89060-469-5

Diese brandaktuelle Sammlung von Essays, geschrieben von Leitfiguren der Spiritualität und des Umweltschutzes rund um die Welt, beleuchtet den grundlegenden Zusammenhang unserer gegenwärtigen ökologischen Krise mit unserem fehlenden Bewusstsein für die Heiligkeit der Schöpfung. Diese 20 Beiträge zeigen uns, wie die Menschheit ihre Beziehung zur Erde wandeln und erneuern kann.

Llewellyn Vaughan-Lee (Hrsg.)
Spirituelle Ökologie
Der Ruf der Erde
Paperback, 256 Seiten
ISBN 978-3-89060-654-5

Das Naturheiligtum Externsteine wird in diesem Buch in einen größeren Bezugsrahmen gestellt, vor allem, um die Vergangenheit des Alten Europa und seine geistigen Wurzeln lebendig werden zu lassen. Das Naturheiligtum Externsteine wird in diesem Buch in einen größeren Bezugsrahmen gestellt, vor allem, um die Vergangenheit des Alten Europa und seine geistigen Wurzeln lebendig werden zu lassen. Es soll Anstöße vermitteln und Mut machen, an den Externsteinen und in deren Umgebung Beobachtungen aufzugreifen, die das derzeitige Bild erweitern; darüber hinaus ist es ein Angebot, das alte Heiligtum selbst zu erforschen und zu nutzen, um dort Erfahrungen und Erkenntnisse zu sammeln, die der persönlichen Entwicklung dienen.

Usch Henze
Osning – Die Externsteine
Das verschwiegene Heiligtum Deutschlands und die
verlorenen Wurzeln europäischer Kultur
Paperback, 224 Seiten, 8 Tafeln
ISBN 978-3-89060-763-4

Dieses Buch ist eine Einladung, die wilden Landschaften der Erde kennenzulernen, um uns selbst darin wiederzufinden: unser wahrhaftiges und tiefes, unser wildes und freies Selbst. Denn die Landschaften und ihre Attribute finden sich in uns: die Stille der Wüste, die Weisheit der Wälder, die Sehnsucht der Flüsse und Meere, die Festigkeit der Berge oder die Sinnlichkeit der Graslande. Unsere Seele ist der Erde entsprungen, und wir müssen sie wieder mit ihr verbinden, wenn wir ganz und heil sein wollen. Dazu ist dieses Buch ein faszinierender Reiseführer.

Mary Reynolds Thompson
Der Ruf der wilden Seele
Wie uns die Landschaften der Erde unsere Ganzheit zurückgeben
Paperback, 224 Seiten
ISBN 978-3-89060-729-0

Kein anderes Buch behandelt die Bäume in so umfassender Weise: Angefangen mit den botanischen und ökologischen Grundlagen über die kulturelle Bedeutung der Bäume von der Steinzeit zu den alten Hochkulturen der Welt bis hin zu den Baumportäts der bei uns einheimischen Arten in faszinierenden Einzeldarstellung.

»Der Geist der Bäume« beschreibt die uralte tiefe Freundschaft zwischen Mensch und Baum. Es führt uns in das Innere der Körper der Bäume, in die faszinierende Welt der Zellen und Moleküle, erklärt die elektromagnetischen Kraftfelder und wie Bäume mit Hilfe von Licht kommunizieren. Dieses Buch stellt hochaktuelle und bisher noch kaum bekannte Zusammenhänge von Wäldern und Klima dar und macht deutlich, wie wesentlich die Bäume für das Leben der Menschen und des gesamten Planeten sind.

Fred Hageneder
Der Geist der Bäume
Eine ganzheitliche Sicht ihres unerkannten Wesens
Hardcover, 416 Seiten, farbig illustriert, mit Lesebändchen
ISBN 978-3-89060-632-3

Von allen Bäumen besitzt die Eibe den größten und ältesten Reichtum an Mythen und kulturgeschichtlichen Überlieferungen. In diesem Buch erfahren Sie, welche Schätze der Weisheit bis zum Beginn des 21. Jahrhunderts geheimgehalten wurden und warum. Schon botanisch ist die Eibe eine Besonderheit: Ein einzelner alter Baum ist imstande, sich neu zu gebären und kann so praktisch ewig leben. Die Eibe ist der »Baum des Lebens«! Dieses beeindruckende Werk spannt eine solide Brücke zwischen Spiritualität und Wissenschaft, zwischen Urzeit und Moderne, es knüpft ein Netz zwischen Ethnologie, Religions- und Kulturgeschichte, Botanik, Dendrologie und Ökologie.

Fred Hageneder
Die Eibe in neuem Licht
Geb. mit Schutzumschlag, 320 Seiten, durchgehend farbig
ISBN 978-3-89060-077-2

NEUE ERDE im Buchhandel

Neue Erde ist ein kleiner unabhängiger Verlag, und der unabhängige Buchhandel ist unser natürlicher Partner. Wir unterstützen die Initiative »buy local«.

Sollte es Lieferschwierigkeiten bei den Büchern von NEUE ERDE geben, lassen Sie immer im VLB (Verzeichnis lieferbarer Bücher) nachsehen, im Internet unter **www.buchhandel.de**

Alle lieferbaren Titel des Verlags sind für den Buchhandel verfügbar.

Auch mobil können Sie, zum Beispiel mit LChoice, unsere Bücher beim örtlichen Buchhändler kaufen.

Sie finden unsere Bücher auch auf unserer Homepage **www.neue-erde.de** oder in unserem Gesamtverzeichnis, welches Sie gerne hier anfordern können:

NEUE ERDE GmbH
Cecilienstr. 29 · 66111 Saarbrücken
info@neue-erde.de